世紀
人物100

牧童皇帝

朱元璋

城菁汝　著

三民書局

獻給孩子們的禮物

主編的話

　　世界上最幸福的孩子，是他們一出生就有機會接近故事書，想想看，那些書中的人物，不論古今中外都來到了眼前，與他們相識，不僅分享了各個人物生活中的點滴，孩子們的想像力也隨著書中的故事情節飛翔。

　　不論世界如何演變，科技如何發達，孩子一世幸福的起源，仍然來自於父母的影響，如果每一個孩子都能從小在父母親的懷抱中，傾聽故事，共享閱讀之樂，長大後養成了閱讀習慣，這將是一生中享用不盡的財富。

　　三民書局的劉振強董事長，想必也是一位深信讀書是人生最大財富的人，在讀書人口往下滑落的多元化時代，他仍然堅信讀書的重要，近年來，更不計成本，連續出版了特別為孩子們策劃的兒童文學叢書，從「文學家」、「藝術家」、「音樂家」、「影響世界的人」系列到「童話小天地」、「第一次」系列，至今已出版了近百本，這僅是由筆者主編出版的部分叢書而已，若包括其他兒童詩集及套書，三民書局已出版不下千百種的兒童讀物。

　　劉董事長也時常感念著，在他困苦貧窮的青少年時期，是書使他堅強向上，在社會普遍困苦，而生活簡陋的年代，也是書成了他最好的良伴，他希望在他的有生之年，分享這份資產，讓下一代可以充分使用，讓親子共讀的親情，源遠流長。

　　「世紀人物 100」系列早就在他的關切中構思著，希望能出版

孩子們喜歡而且一生難忘的好書。近年來筆者放下一切寫作，接下這份主編重任，並結合海內外有心兒童文學的作者共同為下一代效力，正是感動於劉董事長致力文化大業的真誠之心，更欣喜許多志同道合的朋友，能與我一起為孩子們寫書。

「世紀人物100」系列規劃出版一百位人物故事，中外各占五十人，包括了在歷史上有關文學、藝術、人文、政治與科學等各行各業有貢獻的人物故事，邀請國內外兒童文學領域專業的學者、作家同心協力編寫，費時多年，分梯次出版。在越來越多元化的世界中，每個人都有各自的才華與潛力，每個朝代也都有其可歌可泣的故事，但是在故事背後所具有的一個共同點，就是每個傳主在困苦中不屈不撓，令人難忘的經歷，這些經歷經由各作者用心博覽有關資料，再三推敲求證，再以文學之筆，寫出了有趣而感人的故事。

西諺有云：「世界因有各式各樣不同的人群，才更加多采多姿。」這套書就是以「人」的故事為主旨，不刻意美化傳主，以每一位傳主的生活經歷為主軸，深入描寫他們成長的環境、家庭教育與童年生活，深入探索是什麼因素造成了他們與眾不同？是什麼力量驅動了他們鍥而不捨的毅力？以日常生活中的小故事，來描繪出這些人物，為什麼能使夢想成真。為了引起小讀者的興趣，特別著重在各傳主的童年生活描述，希望能引起共鳴。尤其在閱讀這些作品時，能於心領神會中得到靈感。

和一般從外文翻譯出來的偉人傳記所不同的是，此套書的特色是，由熟悉兒童文學又關心教育的作者用心收集資料，用有趣的故

事，融入知識，並以文學之筆，深入淺出寫出適合小朋友與大朋友閱讀的人物傳記。在探討每位人物的內在心理因素之餘，也希望讀者從閱讀中，能激勵出個人內在的潛力和夢想。我相信每個孩子在年少時都會發呆做夢，在他們發呆和做夢的同時，書是他們最私密的好友，在閱讀中，沒有批判和譏諷，卻可隨書中的主人翁，海闊天空一起遨遊，或狂想或計畫，而成為心靈知交，不僅留下年少時，從閱讀中得到的神交良伴（一個回憶），如果能兩代共讀，讀後一起討論，綿綿相傳，留下共同回憶，何嘗不是一幅幸福的親子圖？

2006 年，我們升格成為祖字輩，有一位朋友提了滿滿兩袋的童書相送，一袋給新科父母，一袋給我們。老友是美國國家科學院院士，曾擔任過全美閱讀評估諮議委員，也是一位慈愛的好爺爺，深信閱讀對人生的重要。他很感性的說：「不要以為娃娃聽不懂故事，我的孫兒們一出生就聽我們念故事書，長大後不僅愛讀書而且想像力豐富，尤其是文字表達能力特別強。」我完全同意，並欣然接受那兩袋最珍貴的禮物。

因為我們同樣都是愛讀書、也深得讀書之樂的人。

謹以此套「世紀人物 100」叢書送給所有愛讀書的孩子和家庭，以及我們的孫兒——石開文，他們都是世界上最幸福的孩子，因為從小有書為伴，與愛同行。

中國歷史上哪個皇帝當過牧童又當過和尚呢？哪個皇帝有雙重人格，對百姓仁慈愛護，對大臣卻猜忌懷疑呢？不要懷疑，就是他，明太祖朱元璋。

朱元璋小時候家裡很窮，但他是個聰明且好強的孩子，從小就是家鄉的孩子王，看到同伴們肚子餓，就豪氣的將放牧的牛烤來吃。父母雙亡後，為了不餓死，只好進入佛門當小和尚。直到寺廟也撐不下去，才到處流浪托缽乞食，最後投入紅軍。憑著堅忍的意志力與努力，禮賢下士，由小兵一步一步往上爬，當上大將軍，最後一統天下為王。

朱元璋成功的原因可歸納為兩點：

1. 他有非常堅強的意志力，努力不懈，對於成功有著強烈的渴望，終成大業。

2. 有賢臣良將輔佐，按部就班且策略得宜，這是朱元璋可以打敗元末群雄，奪取天下的關鍵（故事中以黑體字標明朱元璋得天下的重要策略）。

小時候刻苦的生活，使朱元璋深切的了解民生疾苦。當上皇帝後，積極為百姓興利，如嚴懲貪官汙吏與恢復農桑，處理政事「憂危積心，日勤不怠」；但也因為小時候的經驗，使朱元璋對權力有著很強烈的渴望，當達到權力的最高點後，反而越沒有安全感，對人性極端不信任，開始對付起昔日幫助他的武將文臣們。

我們在讀歷史時，常會不自覺的對帝王、名將有著過高的期望與道德投射。但是天下無完人（天下沒有完美的人），每一個成功人物的背後，總難免會有一些不為人知的陰暗面，如：唐太宗李世民的玄武門之變、明太祖朱元璋大興獄案殺功臣。撰寫此書時，也幾經掙扎，到底要不要描寫這部分？最後決定，還是將朱元璋這部分描寫出來，就是因為人不完美，有喜怒哀樂，才會顯得可愛可親。

　　或許我們讀歷史時，也可以設身處地揣摩當時人物的心理，試著理解他們背後的考量，從多面向的角度來認識歷史人物。對於其成功的地方，我們可以學習；而對於其被批評之處，除了可以當作借鏡之外，或許也可以想想，如果我們處在同樣的位置上時，會採取什麼樣的做法？

　　希望大家會喜歡《牧童皇帝：朱元璋》的故事。

寫書的人

城菁汝

　　熱愛看小說，逛博物館以及上網。大學讀歷史系，畢業後留學英國攻讀博物館學研究，回國後投入數位資訊的行列中。感謝三民書局委託撰寫「世紀人物 100」系列中的「朱元璋」和「唐太宗」兩書，才找到理由逼自己重新溫習書架上閒置許久的書籍，而透過閱讀與寫作又再一次愛上歷史，也希望這兩本書可以當引路磚，帶領小讀者們認識歷史上兩位不凡的皇帝。

牧童皇帝

朱元璋

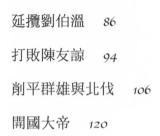

世紀人物 100

朱元璋

1328～1398

1 童 年

——牧童老大的生活

元朝末年，即文宗天曆元年（1328 年）間，在現今大陸安徽鳳陽縣的一戶破舊茅草屋中，一位中年婦人陳氏正努力的產下她最小的孩子，陳氏的丈夫朱五四與幾個兒子正在茅草屋外奮力的燒著柴火，打算多準備點熱水來迎接朱家的新生兒。突然間，黑暗的天空中閃過一道紅光，接著就聽到屋內傳來嬰兒「哇哇哇」的哭聲。

朱五四聽到後，連忙開門進去屋內，只見陳氏虛弱的斜臥在床上，產婆抱著藍布包著的嬰兒，邊走邊哄。

朱五四走向前接過嬰兒，看著他的模樣，邊看邊說：「娘子啊，這孩兒的下巴比額頭還長，鼻子跟耳朵都好大，長得真是奇

怪呢！」陳氏與產婆聽到這話都笑了出來，陳氏說:「哪有人這樣形容自己兒子的？給咱們兒子起個名字吧。」朱五四想了一會兒，說道:「孩子們是屬於『重字輩』，前面的七位堂兄與哥哥分別叫『重一』到『重七』，那他就取名『重八』吧，朱重八*。」

　　話說朱重八是家裡面最小的孩子，上面還有幾個哥哥跟姐姐，俗語說:「癩痢頭的兒子是自家的好。」朱重八雖然是個癩痢頭小子，但從小就非常機伶，父母親非常的疼愛他，還送他去私塾識字念書。但不久就因為家裡實在太窮，負擔不起而作罷，朱重八只好去幫地主放牛。

　　這時是元朝第十一位皇帝元

放大鏡　＊朱重八是明太祖的本名，後來從軍才改名為朱元璋，因為歷史上的記載大都用朱元璋，所以大部分人都不清楚朱重八就是朱元璋。

文宗統治期間，元朝自元世祖忽必烈建國以來，政治上一直有著皇位繼承的紛爭，因為蒙古的大汗原本都是由各部落推選出來的合法繼承者，此一制度類似現代的選舉制度，蒙古語稱為「忽里台」。直到忽必烈當上皇帝才從「選舉」變成「世襲」，不經過忽里台推舉，直接傳給兒子。這種忽略傳統習俗的做法，引發了很多激烈的爭吵，不滿者很容易起而反抗；元朝便曾經在短短六年間就換過五個皇帝統治。政局的不安定，皇帝隨時都有可能被趕下皇位，使得上從皇帝下到官員都只貪圖一時的享樂。朝廷為了應付皇帝及官員的奢華浪費，便向老百姓收取各種賦稅，老百姓的生活因而非常艱苦。

　　處在這樣的時代中，朱五四身為佃農，日子當然也是不太好過，除了每年需繳交超過一半的

收成給地主外，還要繳交官府各種不同名目的賦稅，最後剩下的才是一家人的生活費，生活十分艱苦，常常吃都吃不飽，只好以草根和雜米為食物。

時歲流轉，春去夏來，轉眼間朱重八已經十二歲了。他比同年齡的孩子都還要高一個頭，五官立體分明，外觀最突出的就是他的癩痢頭與一對大耳朵。除了孩童天真爛漫的神情外，朱重八的性格是爭強好勝的，非常的不服輸，最討厭別人小看他，常常在遠處就可以由一群孩童中輕易的認出朱重八，他通常是站在最前頭領導的孩子王。

元末佃戶的孩子們，八九歲左右就要開始工作，大部分都是幫地主家放牧牛羊，朱重八自從不去上學後，也加入了放牛牧童的行列。比起上學，他還比較喜歡放牛，因為放牛雖然是工作，

但只要一早上把牛、羊趕到草地上後，放任牠們吃草，牧童們就可以聚在一起玩耍、打打鬧鬧，比起乖乖的坐在學堂聽夫子上課好玩多了。

牧童們最常玩的遊戲就是騎馬打仗：用竹棍當馬，隨手撿的木枝為劍，分為兩隊，贏的就是皇帝，輸的就要下跪稱臣。這天，遊戲分出勝負後，朱重八所領導的那隊如往常一樣又是贏的那方，朱重八神氣的坐在土堆上接受大家的朝拜，孩子們排成兩行跪在地上，口中喊著：「萬歲！萬歲！萬萬歲！」跪在最前頭身材魁梧，皮膚黝黑的名叫徐達，他跟朱重八兩個人都上過幾個月的學堂，認得幾個字，是孩子中較有權威的，但彼此都看對方不順眼，騎馬打仗通常都是各自率領一隊互爭。

此時日正當中，這些孩子天

還沒亮就趕牛上山，又經過一番跑鬧，肚子早就餓了。徐達肚子咕嚕咕嚕的叫，加上打輸了不甘心，跪在地上抬頭道：「皇上，我們都餓了，不曉得皇上有什麼賞賜呢？」朱重八一聽，心中暗想：「我自己都餓得要死，能有什麼賞賜？你分明就是故意要我難看。」

站在朱重八後頭較瘦小，個性一向大而化之的湯和，也傻傻的道：「被你這麼一說，我也覺得餓了。老早就吃厭了混著各種東西，像湯一樣的雜米粥，真想吃幾口道地香噴噴的白米飯。」

另一個身材矮胖，大眼光頭叫周德興的孩子，接著道：「我才想吃肉呢，真不知道那是什麼滋味？」

一下子，孩子們一個爭說吃飯好，一個爭說吃肉好，鬧哄哄的吵成一片。朱重八這時心中暗

自盤算：「哼！我絕不能在這個時候被看扁了。」當下喝了一聲，等所有的眼光都集中到他身上後，就有模有樣的指著前方草地上的一頭小牛，說：「皇上今天就賞大家一頭牛，讓大家嚐嚐牛肉的味道。」

徐達聽完，結巴的說：「可……可是……那是劉員外的牛。」

朱重八轉頭，瞪了他一眼，道：「這是皇帝給我的賞賜，沒膽量的就不要吃。湯和、周德興去把牛抓過來，其他人去撿些枯枝樹葉來生火。」

牧童們一聽到有肉可以吃，早就忘了那是誰的牛，不一會兒，牛已經架在火上烤，傳出陣陣香味，大家就一邊烤一邊吃。徐達心裡雖然覺得不應該，但畢竟是小孩子，受不了美食當前的誘惑，也跟大家興高采烈的吃了起來。

　　飽餐一頓後，太陽已斜掛在山邊，只見地上剩下一堆牛骨頭、一根尾巴，以及柴火的灰燼，這一頓可說是這群孩子們活到現在吃得最飽的一餐。眼看天色漸漸黑了，回家的時候也到了，大夥瞪著剩下來的一堆牛骨頭，心裡頭沒了主意。雖然大家都吃得很開心，但畢竟是少了一頭牛，這該怎麼向劉員外交代呢？

　　這時，徐達瞄了朱重八一眼，有點幸災樂禍的說：「重八皇上，你的賞賜大家都很感激，但這下趕牛回去少了一頭，你要怎麼向劉員外交代呀？」

　　周德興聽了，氣憤的反駁：「阿達，你很不講義氣喔！這牛大家都有吃，怎麼只要重八一個人向劉老頭交代？」

　　湯和最怕別人說他不講義氣，連忙跟著說：「我講義氣，朱

老大，你不用擔心，我跟你一起去向劉員外認錯。天塌下來，有我跟你一起撐著。」

一時之間，誰講義氣誰不講義氣，大家七嘴八舌的爭論不休。朱重八心中想，這樣吵也吵不出結果，主意是自己出的，乾脆我就把這事扛下來，看徐達還能說什麼。打定主意後，朱重八當下道：「大家別吵了，這事包在我身上。時間也不早了，你們先把牛趕下山回家，去去去！」

牧童們一聽，心裡都偷偷鬆了一口氣，各自趕著牛下山。徐達臨走前，回頭看了朱重八一眼，眼神中第一次對朱重八這個癩痢頭出現了敬佩。

最後只剩下朱重八、湯和、周德興三人。朱重八看了兩人一眼，道：「唉，只剩你們兩個……先幫我把骨頭跟柴火埋起來，我來刮一些樹膠。」

湯和連忙道：「老大，刮樹膠幹嘛呀？」

朱重八指著不遠處的一塊山石，哈哈笑道：「我們把牛頭跟牛尾用樹膠前後黏在石頭縫裡，這樣像不像牛鑽進石縫中，出不來的樣子？」湯和與周德興一聽，齊聲稱讚朱重八聰明，想出了這麼好的主意。

當天晚上，劉員外當然不相信牛鑽進了石縫中，但牛尾巴卻是怎麼也拔不出來，加上朱重八信誓旦旦的，劉員外也只能把朱重八毒打一頓後作罷。

朱重八被打得皮開肉綻，慘兮兮的躺在茅草堆上，身子的疼痛與心裡的疑問不由得一起湧上心頭。他抬頭看著窗外皎潔的月亮道：「劉老頭每天在家享受，不用耕田放牛，就有米飯跟肉可吃。爹每天辛苦耕田，我上山放牛，我們卻只有雜糧可吃。劉老

頭有上百頭牛，只是吃了一頭小牛，就把我打成這樣。這到底是什麼道理？這樣公平嗎？」

這件事悄悄的在朱重八小小的心中蒙上了一層憤世嫉俗的陰影，而經過這件事後，其他牧童們對朱重八是打從心裡的佩服，連一向不合的徐達也甘心奉朱重八為首領。徐達、湯和、周德興三人都成為日後朱重八打天下的好幫手。

元朝至正四年（1344年），已經有半年的時間沒下雨，田裡的植物都枯死了，加上發生蝗災，幾乎所有的作物都被蝗蟲吃光了。禍不單行，這時村中又發生瘟疫，村人不是餓死就是病死，朱重八的父母跟大哥也在這場瘟疫中過世了。家裡面窮得無法幫父母辦喪事，朱重八只好去找劉員外，希望他能看在朱五四做了他幾年佃戶的分上幫幫忙。

　　劉員外一看到朱重八進門，眉頭就皺了起來，聽完朱重八的話後，嫌惡的怒道：「臭癩痢頭，你們家欠我兩三個月的地租，我都沒有追究了，哪有可能再花錢幫你辦喪事。哼！尤其是你，以前還搞丟了我一頭牛……來人呀！把他給我趕出去！」朱重八轟的一聲就被掃地出門。

　　朱重八跟二哥只好用草蓆來充當棺材，草草的將父母跟大哥埋葬。朱重八跪在埋葬父母與大哥的三個土堆前，臉上流著淚，心中暗暗發誓道：「我絕對不會這樣被打敗，爹娘你們看著，我總有一天會風風光光的重新埋葬你們的。」這個悲憤堅毅的少年，這年十七歲。

　　天災仍持續著，朱家現在只剩下大嫂與姪子、二哥跟朱重八幾個人，每天只能挖草根吃，這樣下去大家只有死路一條，倒不

如分散開來各自謀生路。商量過後，大嫂帶著姪子回娘家投靠，二哥離開家鄉出外謀生，朱重八選擇到附近的皇覺寺出家當和尚。

2 少 年

——入皇覺寺為僧

　　關於朱重八之所以出家當和尚，民間流傳著一些傳說。傳說當朱重八還是嬰兒的時候，經常生病，也時常不吃東西。依據當時風俗，發生這種狀況的時候，父母都會去廟裡許願將小孩捨身給神佛，等到長大後再出家還願。爹娘向神明許願後，朱重八果然健健康康的長大，成為一個壯小子。可是後來朱重八的娘因為捨不得孩子，才讓這件事一直耽擱。現在村中鬧饑荒，一家人聚在一起商討該怎麼辦時，朱重八的二哥想到這段因由，便讓朱重八去皇覺寺當和尚，還了早年許下的願。

　　儘管那時候的朱重八不過是個普通的小和尚，但他在寺中的生活還是被後人給神化了，最有

17

名的是「金口玉言」的故事。傳說朱重八命中註定當天子，而天子所說的話都會實現，連天上的神佛也不能違抗。

這天，朱重八負責打掃佛殿。他穿著打了許多補丁的僧袍，手上拿著掃帚在地上揮呀揮的。想到此時師兄們都在房間裡舒服的睡午覺，只有他一個人要負責掃這麼大的佛殿，抬頭又看到殿裡的佛像臉上都掛著微笑，好像在取笑他的樣子。朱重八越想越氣，就把掃把一丟，指著佛像道:「笑什麼笑，你們看起來都很閒的樣子，就幫我掃掃地吧，我要來好好睡一覺。」說完話後，也不管三七二十一，就躺在香客們的坐墊上睡著了。

這些佛像一向都被人又跪又拜的供奉著，哪有被指使過？一時之間，彼此面面相覷。一位手上拿著武器、面像凶惡的羅漢像

開口道:「這小子以為他是誰啊？讓我好好教訓教訓他。」

另一尊氣質儒雅、手拿經卷的羅漢趕緊開口:「不可不可，他是未來的天子，千萬不可冒犯。」

凶羅漢大笑道:「哈哈，你在開玩笑吧！憑這個癩痢頭要登上天子之位，怎麼可能？」

儒雅的羅漢微笑回道:「你看他睡覺的樣子。」

此時朱重八大剌剌呈大字形的睡在佛殿上，仔細一看儼然就是「天」字，只見朱重八轉身換了個姿勢又成了「子」字，合起來不就正是「天子」兩字？羅漢們只好離開蓮花座，起身幫朱重八打掃佛殿。等到太陽漸漸下山，天色被夕陽染紅，朱重八才睡醒，揉揉眼睛伸個懶腰，佛殿早就被打掃得乾乾淨淨了。

雖然是傳說，但這故事仍有一部分是真的，那就是辛苦的寺

廟生活。朱重八進入了皇覺寺，拜寺中的高彬和尚為師，實際上是當寺中工人，要負責砍柴、生火煮飯、洗碗洗衣、擦洗地板、清理佛像，從早忙到晚，一刻不得清閒。

因為朱重八是新來的小子，原本皇覺寺中的弟子看到有新人可以負擔工作，當然不會放過這個機會，把自己不想做的事全都交代給朱重八。朱重八最常聽到的話就是「重八，柴沒有了，去砍幾捆柴回來」、「重八，把碗洗一洗，衣服也拿去晾一晾」。

朱重八發現，寺中的和尚對他的態度跟劉員外是一模一樣的，都把他看作一個無足輕重的小子，當成奴僕般呼來喚去的。而自己呢？除了年輕力壯、識得幾個字外，沒有其他的優點。經歷父母過世的打擊以及一段挨餓的日子，朱重八已經學會收斂自

己原本霸道衝動的性格，對於師兄們的欺負與刁難，他都咬住牙忍下來，因為朱重八知道在這亂世中，有飯吃、活得下去才是最重要的。雖然寺中的生活很辛苦，但至少可以吃飽。

有時，朱重八晚上躺在柴房裡，望著窗外月亮，他都會思念過世的父母，也想起離鄉的二哥不知道過得如何？重八只能安慰自己，心想：「沒關係，這只是暫時的……沒關係！」

不料，災情日益嚴重，同樣也威脅到寺廟的生存，進香的香客越來越少，寺廟田地的穀物也被蝗蟲吃掉，漸漸的，寺裡供餐由一天三餐變成兩餐，兩餐變成一餐，最後和尚們也沒飯吃了。

寺中的住持高彬和尚只好每個寺中的和尚發一個缽，遣散他們出外化緣，等時歲好轉大家再回來。可憐的朱重八，在寺裡待

了不到兩個月，都還沒有接觸到講佛法、誦經典、說道理，就要為了生計出外化緣。朱重八穿著綴滿補丁的僧袍，頂著癩痢頭，腳上套著一雙草鞋，托著缽，當上遊方僧，離開家鄉流浪去。

在這段時間裡，朱重八走遍了現今安徽與河南兩省，走過一望無際的淮北平原、綿延起伏的江淮丘陵以及群峰圍繞的黃山。經過城鎮，就到大戶人家門口托缽乞食，若遇到較勢利的奴僕，可能朱重八還沒有走到門口，就被驅趕離開；若天黑前趕不及到城鎮，前不著村，後不著店的，就只好露宿在荒郊野外，摘野果為食，睡臥在樹下，風霜雨露。

試想，一位十幾歲的少年要敢開口，請求別人施捨才能活下去，這當中會遭到多少鄙視譏笑，需要有多堅強的心智才能支撐下去？每敲一扇門，對他而言

都可能是冷眼嘲笑或閉門羹，然而不敲門他就有可能餓死。這使一個原本惶惶不知所措的少年，成長鍛鍊為一個靠自己的力量在亂世逆境中求生的青年。

幾年雲遊乞食的經驗，不僅使朱重八了解到許多地區河流山脈的形勢、各地的人文風俗，更幫助他進一步了解民間的苦痛與人民的願望，對於貪官汙吏的痛恨，使他即位後制定了比歷代君王都來得更嚴苛的法律來處罰他們。藉由「行萬里路」的經驗，朱重八開拓了人生視野，豐富了人生的體驗，學習到如何與社會不同階級的人結交，也認識了許多後來起義時的好伙伴。

這天，朱重八來不及進城，只好在城外的破廟中過夜。眼看天色漸黑，溫度也漸漸下降，朱重八滿是補丁破洞的僧服抵擋不住早秋的寒意，只好撿了一些枯

木來生火取暖。

突然間，遠方傳來一陣喧嚷：「快來，快來呀，這裡有一座破廟。」兩位一高一矮、頭綁紅巾的漢子先後從門口走了進來，看到朱重八坐在地上取暖，身形較高，一身儒生打扮的大漢開口道：「小和尚，也借我們烤烤火吧！」

朱重八連忙道：「相逢自是有緣，兩位大哥快請坐，烤烤火溫暖一下。」

另外一位較矮、滿臉麻子的胖子坐下後，從隨手的袋子裡掏出幾個甘藷道：「你借我們烤火，我請你吃甘藷，剛好打平，誰也不欠誰。」

朱重八心想：「借你們烤火又不會有損失，還有甘藷吃，若真要算起來，我還欠你呢。」

高個子聽了，伸手打了矮胖子一個腦袋，道：「什麼欠不欠，

明王是怎麼教我們的？互助合作、互相幫忙的教規你又忘了。」朱重八聽了，疑道：「這位大哥，你剛剛提到的明王是指？我這陣子常常聽到，只可惜無人指點，沒有機會明白。」

　　高個子這時仔細看了朱重八一眼，發現這個小和尚濃眉大耳長相雄偉，雖然衣著簡陋，但談話舉止落落大方，心中不由得起了幾分好感，也想趁機宣傳教義，便回道：「小和尚，這幾年四處旱災、蝗災不斷，加上元官殘害良民，真是苦不堪言。所幸『彌勒降生，明王出世』，我們白蓮教教主──韓山童，人稱『明王』，受天命委託，起義領導人民脫離黑暗，邁向光明。」朱重八恍然大悟：「原來明王就是韓教主啊！」

　　矮胖子接著道：「我剛入教的時候也搞不太清楚，到底我加入

的是白蓮教、彌勒教還是明教，後來才知道反正大家都吃素、禁酒、綁紅巾、互助……所以都是一樣的啦。吃素是沒有問題，禁酒這可就有點難了！」說完自己也哈哈大笑了起來。

高個子無奈的看了矮胖子一眼，尋思：「教中這幾年大肆擴張，教徒日增，教眾素質良莠不齊，這不知道是福是禍？」

朱重八聽了也嘆道：「小僧雲遊這幾年間，耳聞目睹老百姓的生活苦痛、蒙古人的殘暴及奢侈浪費。我們漢人、南人比蒙古人辛勞不知幾倍，但地位卻在蒙古人、色目人之下＊，樣樣不如＊。

放大鏡

＊蒙古人建立元朝之後，將全國人民分成四級：第一級：蒙古人。第二級：色目人，指中國西部西域各部族。第三級：漢人，指原受遼金統治在黃河流域的人民，包含漢人、契丹和女真人等。第四級：南人，指原受南宋統治在長江流域及其以南的中國人。漢人、南人在政治、經濟、法律地位上都低於蒙古人及色目人。

這種一點都不替老百姓著想的統治者，一定撐不久的。」

高個子心想，這位小和尚談吐不凡，他日應該是一位人物，連忙雙手作揖問道：「小兄弟不知怎麼稱呼？我姓馮，名國用，安徽定遠人，是明王紅軍底下的小隊長。」朱重八連忙起身回道：「小弟姓朱，名重八，若不嫌棄，小弟就尊稱您一聲馮大哥，您就叫我重八老弟。」當晚，在這荒山古寺中，未來明朝的兩位人物奠定了日後一起打天下的情誼。

長期困苦的生活，可以磨練一個人的心智，經過三年多的遊方乞食，朱重八又回到了皇覺寺。這時的朱重八已不是當年那個不知世事、任人欺負的稚嫩小和尚了；遊歷時增長的視野與待人處世的磨練，使朱重八成為一位行止有方，見識廣闊的青年，這些知識運用在寺中或往後的生

活早已足足有餘。然而朱重八知道，若這樣他永遠只會是皇覺寺的一名和尚，對於這些年所見到的政治腐敗、民生苦痛，以及陷於水深火熱的老百姓，將無法提供任何幫助。

　　這時，朱重八想到戲臺上所演的《三國志》及孩童時私塾先生講「吳下阿蒙」＊的故事。受到這個故事的啟發，朱重八開始發憤讀書。他每天都很早起床，利用微亮的天色讀書；早晚功課

放大鏡

＊吳下阿蒙　阿蒙指的是三國時代吳國孫權手下的呂蒙，他原本是個只靠軍功武力的軍官，孫權看他年輕有為，就勸他多念點書。呂蒙聽了敷衍回應，道：「帶兵打仗占據了我所有時間，哪有時間念書？」孫權聽了，笑道：「又不是要你去考狀元！我比你忙，都有時間念書了。多看點史書或兵書，對你很有幫助的。」呂蒙果然發憤讀書，最後成為文武全才，當到吳國最高的軍事將領。魯肅有次跟呂蒙討論軍事，發現呂蒙的見識談吐進步很多，就拍拍他的肩膀說：「你以前都只靠武力，現在學識變得如此廣博，已經不是當年我所認識的吳國呂蒙了。」（「吳下阿蒙」成語出處）呂蒙聽了，很高興的回道：「士別三日，刮目相看，你現在不能看不起我了吧！」

誦佛後，一有空閒，馬上打開書本閱讀。就這樣孜孜不倦，《三國志》、《孫子兵法》、《史記》……各式各樣的史書、兵書他都盡量涉獵。透過遊方的經驗與書中的知識互相印證，朱重八對於官宦貪瀆與社會混亂的緣由都有了自己的想法與見解。朱重八體會到治國最重要的道理，即是：「人民富足，就會擁護皇上；人民貧窮，民心就會遠離，所以人民的貧窮與富足，是國家是否安定最重要的原因。」

經過兩三年的苦讀，朱重八成為一位成熟、對事情可以掌握、估計、判斷的青年；他現在所等待的是一個機會，一個讓他一展長才與抱負的機會。不曉得是不是老天爺的安排，朱重八這時正好接到童年好友湯和勸他從軍的來信。

這時元朝的政權已經開始動

搖，四處都有反元的起義，其中以一南一北的兩股勢力為中心，向外擴張。北方是紅巾北派，以淮河流域的劉福通、郭子興為主；南方則是紅巾南派，以漢水流域的徐壽輝、陳友諒為領導。其他還有非紅巾體系的張士誠、方國珍等勢力。

郭子興所領導的義軍剛好占領皇覺寺附近的濠州，而湯和的信正是從濠州寄出，引起了元朝官吏的注意，懷疑朱重八與紅巾軍有來往，密謀叛變。朱重八接到湯和的來信後，好幾天晚上都輾轉難眠，考慮是否要從軍去。

湯和信上寫著:「朱老大，我現在投靠在皇覺寺附近的紅巾軍中。你還記得小時候我們大家吃了一頭牛，害你被劉老頭痛打一頓的事嗎？現在像劉老頭這樣為富不仁的地主到處都是，加上元兵的腐敗，老百姓的生活一日不

如一日。在這亂世中，要活下去、要建立新的生活，只能靠武力，而從軍是最快的……。」

朱重八手中拿著信，在深夜只留著一盞燈光的佛殿大廳上走來走去，思潮起伏，暗想:「元兵已經派人監視我，隨時可能把我關起來。與其坐以待斃，被元兵抓去殺掉，不如起而從軍去。」於是朱重八當晚收拾行李，悄悄離開皇覺寺，投靠郭子興麾下，這一年他二十四歲(1352年)。

3 青　年
——加入紅軍

投靠郭子興

　　朱重八風塵僕僕來到濠州城門外，只見城牆上站滿了巡邏兵，城門出入盤查得十分嚴密。守門的士兵見到穿著袈裟、身材高大、相貌奇偉的朱重八，便攔住盤查道：「你這個和尚是來濠州做什麼的？」守衛態度語氣雖然不佳，朱重八仍微笑回道：「這位大哥，我是來投效郭元帥的。」

　　守衛聽了，哈哈大笑：「和尚不待在廟裡好好念經，竟跟著別人跑來當兵，湊什麼熱鬧啊？」守門的幾位士兵聽了，也都跟著笑了起來。

　　二十四歲的朱重八不再像小時候那樣，一被別人譏諷就莽撞行事。當下朱重八雖然不高興，

但卻不動聲色的說：「元兵殺燒擄掠，連寺廟也不放過，我想與其當和尚，不如像各位大哥一樣來當兵，還比較有出息、有志氣。我有一位同鄉名叫湯和，也在郭元帥帳下，不知各位大哥認識嗎？」

朱重八態度客氣，話說得又漂亮，把在場所有的士兵都稱讚了一番。這些守衛們原本都是老實的莊稼漢，聽到朱重八的稱讚，加上郭元帥帳下真有湯和這個人，當下就把朱重八當作自己人。一名士兵道：「湯和我認識，就在我們隊上。來來來，我帶你去見我們隊長。」就這樣，朱重八成了郭子興軍隊中的一名步卒。

朱重八加入軍隊後，每天跟著隊伍出操、練習騎射、鍛鍊武藝。朱重八體格好、遇事主動積極、見識廣、懂得與人分享，幾個月下來，他已經成為隊中大家

都信服的人物，連隊長遇到事情也喜歡跟他商量。

　　這天傍晚出操回營後，大家又圍著朱重八要他講故事。朱重八看了圍坐在他身邊的隊友們，笑問道：「又要講故事啊？怎麼你們都聽不煩呀？」

　　一位才十五六歲，臉上還流露著少年稚氣的小兵，連忙道：「重八老大，你說的故事比說書的講的都好聽，看在我們大家辛苦操勞一整天的分上，講個故事讓我們提振提振精神嘛！」

　　朱重八道：「好好好……我們是要推翻腐敗元朝的勇敢紅巾軍，大家都是來自農村，那我就講歷史上第一個平民皇帝，也是農民出身的漢高祖劉邦的故事給大家聽。話說秦朝末年政治腐敗……。」

　　一個小小的營帳裡，擠滿了士兵，但大家都很安靜，只聽到

朱重八的聲音，配合著劇情的起伏上下。講到秦朝官吏壓榨老百姓時，每個士兵臉上都露出氣憤不平的神色；有些人想到自己在家鄉被元兵欺負的往事，拳頭都不自覺的握了起來。當講到劉邦與項羽對峙，戰局緊急時，大家都緊張得幾乎忘了呼吸，直至劉邦打贏了一場勝仗，大家才鬆了一口氣。

　　郭子興元帥剛好出來巡查營隊，經過此處，在營帳外停下腳步暗暗聽了一會，瞧了瞧營帳內的情況，對這位憑說故事就能抓住大家心思的青年非常好奇，暗中叫來手下問清他的來歷。

　　郭元帥回府後，隔天便召見朱重八，相談之後，這位年過半百的元帥十分欣賞朱重八，就將朱重八升為自己的親兵，調到帥府當差。朱重八成為親兵後，就時常伴隨在郭元帥左右，有時軍

隊中商議事情，郭元帥會順口問：「重八，那你覺得呢？」朱重八所提出的方法往往都是最好的方式，事情也都順利的獲得解決。在戰場上，朱重八更是奮勇殺敵，不顧自身的安危，全力保護郭元帥。幾個月下來，朱重八已被郭元帥視為親信，遇事一定詢問其意見，出外也都要朱重八隨行保護。

　　元帥府中，住著郭元帥的一家人，除了郭元帥的兩位公子外，還有郭元帥的義女，大家都稱她為「馬姑娘」。這位馬姑娘是郭元帥好朋友馬公的獨生女，因為母親生下她不久後就過世了，所以自小交由郭元帥的夫人張氏撫養，並認郭元帥與張氏為乾爹娘。郭元帥將馬姑娘當作自己女兒般撫養，自小就與兩位公子一起識字讀書，及笄*之後更是出落得端莊秀麗，對待下人們

和顏悅色，整個將軍府中從上到下都十分喜愛這位姑娘。朱重八常在將軍府中走動，自然也認識馬姑娘，心中早就起了愛慕之心，只是礙於自己身分低下，只好一直將這分心意藏在心底。

這天，郭元帥在房內與夫人張氏聊天，郭元帥道：「是不是應該好好為我們的女兒找一門好親事了呢？」

夫人倒了一杯茶給郭元帥後，回道：「之前老爺一直忙著軍務，女兒的婚事也耽擱了下來。這件事早就該辦了，不知老爺心中可有好人選嗎？」

郭元帥沉吟了一下，摸著鬍子道：「放眼濠州城內，還真難找出一位可以與我們女兒匹配的人

放大鏡

※及笄之年，指的是女孩子 15 歲那一年。笄是古代女子髮簪的稱呼，古代女子到了 15 歲時，會將頭髮盤起來，插上髮簪，代表已經到了可以出嫁的年齡了。

選。嗯……若論人品才識，就屬朱重八最出色，可是他的家世……。」

張夫人笑道：「老爺，您別這麼說。所謂英雄不怕出身低，朱重八沒有親人，女兒嫁給他後，他的親人就是我們了，他對老爺肯定會更加盡心，而且女兒也不用嫁到婆家，還是可以留在府中陪我們，這不是一舉兩得的事嗎？」郭元帥呵呵笑道：「夫人這樣說也是有道理。女兒有了一個好夫婿，我也多了一個自己人，那這件事就交給夫人來辦理……。」

張夫人找來馬姑娘，詢問她對於這椿婚事的看法，馬姑娘心中想到平日朱重八挺拔的模樣與見識不凡的談吐，芳心早已暗許。一聽張氏這麼提議，心中又是害羞又是歡喜，低著頭紅著雙頰說道：「一切都聽乾爹與乾娘做主。」就這樣，一椿有情人終成眷

屬的姻緣就在鞭炮與紅燭中完成了。

娶了馬姑娘後，朱重八原本孤單的人生多了一位善良溫厚的女子作伴，喜悅心情可想而知，而馬姑娘也成為他一生中最深愛的女子。婚後，朱重八改名為「元璋」，而軍營中所有人都改稱他為「朱公子」。

建立自己的人馬軍隊

這時濠州城內，除了郭子興這位大元帥外，另外還有其他四位大元帥。剛起義時，大家同心要推翻元朝的目標相當一致，都願意同心協力，共同打江山。然而攻占濠州城，軍隊駐紮後，這五位大元帥反而開始鬧意見了，誰也不服誰，最後各自的軍令只能在各自的軍隊中執行，五個人都不願意領軍出濠州前往攻占下一個城池，深怕自己原本在濠州

城的勢力會被其他人取代。

　　朱元璋自從娶了馬姑娘後，在軍中的地位大為提升，常常需要協調幾位大元帥間的爭鬥。這天，朱元璋剛從另一位元帥府中協調出來，在城中一間客棧裡喝茶，心中深為幾位大元帥不合的情形苦惱擔憂。忽然有人拍了他的肩膀一下，就聽到對方道:「重八老大，你也在這裡喝茶喔？我們一起坐吧。」

　　朱元璋抬頭一望，原來是湯和，湯和這時已經不像小時候是個傻大個兒，經過這些年軍伍的磨練，已經成為一位剛毅勇武的青年，眉宇間透露著一股英武之氣，只是偶爾與朱元璋這位童年好友相處時，湯和還是會不自覺的顯現出自己較真實樸直的一面。

　　湯和看朱元璋一臉心事重重的樣子，便開口問道:「老大，我

遠遠就看到你坐在這裡，茶也沒喝幾口。發生什麼事了呢？」

朱元璋搖搖頭，嘆了口氣：「唉……別提了。還不是老問題，五位元帥彼此誰也不服誰，這樣下去也不是個辦法。」

湯和沉吟了一下，道：「老大，你覺得如今濠州城與天下的形勢如何呢？」

朱元璋聞言，看了湯和一眼，湯和面色如常，但眼神中閃著智略的光芒。他們自幼一起成長，常常一句話、一個眼神就可心意相通；朱元璋知道湯和一定有話要跟他說，當下便坐直身體，正色回道：「湯老弟，不瞞你說，幾個大元帥只有團結才會有力量，若彼此只是在濠州城中爭鬥不休，無需元兵來攻打，光是內鬨濠州城就垮了，更不要提推翻元朝了。」

湯和認同的點了點頭，朱元

璋續道:「雖然現在大家都稱我一聲『朱公子』，生活也衣食無憂，但我更掛念的是其他還在受苦受難的百姓，而我現在卻困守在此，使不上力。唉……這跟我們當初從軍的理想實在是有點差距。」

湯和沉吟了一會，道:「嗯……老大，我就直說了，現在我們最大的問題就是，行軍遣將，調動軍隊，一切都要聽郭元帥的命令。元帥不願意，就算我們有主意、有抱負，也一籌莫展。或許……或許……我們應該建立自己的人馬，自己的軍隊也。」

朱元璋端著茶杯，看著杯中沉浮的茶葉渣子，宛如現在周旋在五位元帥中的自己，心想:「湯和說的完全就是我心中想的。但我卻礙於身分，說不出口。今天就乾脆藉由湯和，將這一切理出個頭緒。」朱元璋打定主意後，望

向湯和，說：「這話說得很有道理，但郭元帥是我的岳父，這樣做是不是會有不妥？而且，我們要去哪裡找人馬呢？」

湯和看朱元璋的神情，知道他已下了決心，只是需要有人再推一把，便回道：「所謂做大事者，不拘小節。郭元帥是老大的岳父，老大實力增強，對郭元帥而言不也是一件好事？至於人馬……，」湯和哈哈笑道：「老大，我們從哪裡來的？我們可以回故鄉募兵啊！」

朱元璋一聽又驚又喜，道：「湯老弟，聽你這番話，我頓時覺得豁然開朗。這真是個好方法，我們就這麼辦。」

朱元璋回府後，便與夫人商量這件事。馬姑娘自從嫁給朱元璋，朝夕相處下，情感日深。她聽完後垂頭沉吟，默不作聲，心想：「夫君這般上進，我當初真是

沒有看錯人。但以夫君的能力與企圖心，日後肯定會與乾爹有所衝突。到時，一方是待我如親生女兒的乾爹，一方是我親愛的夫君，我該幫誰呢？」又想：「以夫君的膽識氣度，若繼續待在濠州城，猶如一座小廟容不下一尊大菩薩，與其困在濠州抑鬱不得志，倒不如放手闖一闖。若真的跟乾爹起了衝突，應該也不會太過為難才是。」

下定決心後，她便起身從櫃子裡拿出一個木盒放在桌上，道：「夫君，這是我親娘留給我以及這幾年來乾爹娘給我的一些珠寶，招兵買馬需要錢，總是會有一些花費，你就先把這些拿去用吧！」

朱元璋聽了後又驚又慚愧，心想：「原本以為娘子會因為我想自立門戶而不悅，沒想到她竟然拿出積蓄來幫我。朱元璋……朱

元璋啊！你真是以小人之心度君子之腹啊！」

朱元璋緊握住夫人的手，感激的說：「娘子，謝謝妳。他日事成，我定不負妳。」夫人一雙妙目向他凝視半晌，柔聲道：「夫君，我只求你能應允我一件事。」

朱元璋是何等聰明的人，聽到夫人這麼說，心下了解她在郭子興元帥與自己之間，已經做了選擇。朱元璋回道：「郭元帥不僅是賞識我的恩人，更是我的岳父，我今日有的一切可以說都是他所給的。今日雖然為時勢所迫，但我對郭元帥絕對不會有半點惡心的，請娘子放心。」夫人一聽，心裡鬆了一口氣，說：「夫君，謝謝你。」

隔日，朱元璋向郭元帥稟報要多募一些兵來增強軍隊的能力，獲准後，便與湯和一起回故鄉募兵。

家鄉一些童年伙伴們，看到朱元璋加入紅軍後，不但成為元帥的女婿，而且整個人在神態、衣著等各方面都顯得意氣風發，這種奇蹟般的遭遇，就是很大的號召。加上這幾年來，老百姓的生活並沒有改善，旱災與饑荒還是不時的發生，大家想了想：「與其在家鄉過苦日子，還不如從軍，可以吃得飽，穿得暖，見見世面，搞不好我就是下一個元帥。」

於是，許多人都響應了這次募兵，短短數日之間就募集了七百多人。這一批子弟兵中有徐達、周德興……等人，都成為日後的大將，更成為朱元璋的心腹人馬。郭子興見到朱元璋募得這麼多人，便高興的把這七百人交由朱元璋帶領，並升朱元璋為鎮撫。朱元璋待士兵寬厚和善，但對整個軍隊則法紀嚴明，執法公

正，有錯必罰，有功必賞，得到士兵們全心的信任與支持。

在這期間，朱元璋陸續又招降了安徽境內的山寨人馬，以及各地自己組成的武裝隊伍，一些有名的讀書人也來投奔，其中有一些是朱元璋雲遊期間所認識的人，如馮國用。

話說馮國用與朱元璋一別後，對紅軍隨著勢力的擴大，軍紀漸漸混亂失序的情形感到失望，便回到家鄉定遠，與弟弟馮國勝深居簡出，一面讀書培養自己的實力，一面等待可以投靠效忠的名主出現。當聽到朱元璋招兵買馬的消息，馮國用便與馮國勝商議：「近來常常聽到朱元璋這個名字，聽說他頗有見地，又會收攏人心，軍隊的軍紀也十分嚴明，我們是否該去會會他？」

馮國勝回道：「這個主意不錯。朱元璋目前正在定遠，咱兄

弟倆就去看看他是不是個可以輔佐的人物。」

此時，朱元璋的軍隊正紮營在定遠城外。這天營帳前出現了兩位一高一矮的青衣書生，朗聲道：「定遠人馮國用、馮國勝特來拜訪朱鎮撫元璋。」

士兵們看這兩位公子文質彬彬，氣宇軒昂，當下不敢怠慢，連忙去通報。馮國用與馮國勝走入營帳，只見一位身材挺拔，額頭飽滿，兩耳碩大，身著軍裝的男子正坐在議事桌前，跟左右兩位英氣逼人的軍官（即湯和、徐達）商議軍情。馮國用拱手趨前，對坐在桌前的朱元璋恭敬的說：「在下定遠人馮國用，與弟弟馮國勝，聽聞朱鎮撫素有大志，特來相見。」

朱元璋原本就覺得馮國用這個名字很熟悉，抬起頭一看，心想：「這眉目與挺拔的身材似曾相

識，馮國用……馮國用……難不成是馮大哥？」朱元璋連忙起身趨前，拉住馮國用的雙手，歡喜的說：「馮大哥，我是重八老弟。當日在破廟中聽你談論紅軍起義的種種。一別後，轉眼間也近十年了。」

馮國用大吃一驚，仔細瞧瞧朱元璋，果真是當年破廟中自己所遇到的小和尚。馮國用驚訝的說：「朱重八，朱元璋……原來是同一人，你是當年破廟中的朱重八，重八小弟啊……。」

朱元璋連忙請馮氏兄弟坐下用茶，也大略訴說了一下這別後十年的經歷。馮國用聽了當下心中感慨不已，尋思道：「十年的時間，可以讓一無所有的和尚變成領軍千百的鎮撫。這到底是『時勢造英雄』，或是『英雄造時勢』呢？」

馮國用望了弟弟馮國勝一

眼，確定了彼此的心思後，緩聲道：「重八老弟，我與弟弟國勝隱居多年，除了對當今政局不滿外，也在等待一位名主的出現，我兄弟倆想要在你帳下效命。」

馮國勝續道：「我們兄弟倆也隨大家喚你『朱公子』吧。」

朱元璋一聽，正要推辭，但是馮國用卻用眼神阻止了他，朗聲道：「我們兄弟倆這幾年來都在尋找一位可以輔佐的明主，卻苦找不得。今日再見朱公子，氣度與見識皆出眾，儼然就是我們尋找多年的明主，就讓我們效犬馬之勞吧。」

朱元璋胸口一熱，狂喜道：「承蒙馮大哥、馮二哥兩位看得起，元璋日後若有所成，兩位一定是開國大臣！元璋目前有武將，所缺的正是軍師謀士，一位好的軍師可抵過千軍萬馬，更何況是兩位軍師。呵呵呵⋯⋯真是

天助我也！」這是朱元璋言詞中第一次透露出有問鼎天下、逐鹿中原的心思。

朱元璋問道：「不知兩位對目前天下大勢的見解，還望兩位不吝賜教。」

朱元璋這番豪情萬丈的話，讓馮國用、馮國勝兩兄弟聽了之後精神大振。馮國用當下應道：「目前天下起義推翻元朝的人眾多，每一路人馬都只聚眾占地為王，對於軍事民心的經營不甚在意，這些人遲早都會敗亡，現在不用與他們正面衝突，折兵損將。最要緊的應是先避開這些人馬，尋找一處根據地好好經營為上。」

馮國用說到這裡停了下來，看著眾人，朱元璋、徐達與湯和連連點頭稱是。所謂良馬需要遇到伯樂才會發揮其效能，馮氏兩兄弟自許為經國濟世的人才，潛

隱定遠多年，就是在等待名主的出現。如今遇到朱元璋，滿肚子錦囊妙計終於派上用場，自然欣喜非凡。

　　朱元璋聽了，茅塞頓開，彷彿前方出現了一條明路，連忙起身拱手問道：「想必這個地方定有非同凡響之處，再向兩位請教，何處才是可以好好經營軍事與民心之地呢？」

　　馮國勝笑道：「朱公子果然反應過人。不錯，此地就是距定遠不遠的『集慶』。」馮國用摸摸鬍鬚，接著說：「不錯，集慶古稱『金陵』，曾是六個朝代的首都，地勢龍蟠虎踞*，自古很多帝王都

放大鏡

*中國自古以來流傳著一句話：「左青龍，右白虎。」青龍代表左邊或東方，白虎代表右邊或西方。集慶或金陵，是現今南京，曾是中國歷史上六個朝代（三國的東吳、東晉和南朝的宋、齊、梁、陳）的首都，地理條件優越，北邊有長江，水源充足，運輸便利，是水運的集散地。龍蟠是指南京東方的鍾山，虎踞是指南京西方的石頭山。

以此為根據地。朱公子應該先攻占集慶，然後以此地為基礎，向外發展，提倡仁義，拉攏人心，不貪求人民的財產；對其他打著義軍名號而無實質作為者，施以收買離間的策略，各個擊破，如此天下就可以安定了。」

朱元璋聽畢肅然起敬，向馮氏兄弟深深行了一禮，道：「俗話說：『聽君一席話，勝讀十年書。』我今天才有這樣的領悟。」當即下令全軍尊稱馮氏兄弟為軍師。次日，依據馮氏兄弟的規劃，朱元璋的軍隊拔營向南方的集慶前進。

在軍隊南下進攻的途中，一位身著白色儒衫，約莫四十出頭的男子，要求見朱將軍。士兵們經過上次馮氏兄弟的例子，知道會來求見朱元璋的大概都是來投奔的人，搞不好又是下一個軍師，當下不敢怠慢，恭敬有禮的

將他帶到朱元璋面前。

朱元璋看這位男子大約長自己十來歲左右，丰神雋朗，連忙起身拱手請問姓名。那男子不卑不亢的答道：「在下姓李，名善長，安徽定遠人。聽聞將軍在此招兵買馬，特來投靠。」

朱元璋想要考考李善長，便說：「李先生一定有鴻略大論要教元璋，想請教？」

李善長喝了一口桌上的茶，雙目炯炯有神的望向朱元璋，說：「將軍想要問鼎天下，首先必須解決您與丈人郭子興元帥間的問題。目前將軍手下的士兵勇將，都聽您的吩咐，但將軍卻必須聽郭元帥的命令，將來要是取得天下……敢問將軍，那是屬於將軍的，還是郭元帥的呢？」

朱元璋眉頭微微一皺，心想：「這個李善長幾句話就點出問題所在，見識的確不凡。」當下點

點頭，請李善長繼續說下去。

「昔日，漢高祖一介布衣出身，能結束暴秦的統治，統一秦末混亂的局面。將軍可知道原因?」

這時，朱元璋拱手傾身，恭敬的說道:「還望先生賜教。」

李善長知道朱元璋已經信服自己的能力，微微一笑，伸出雙手兩指，緩聲道:「其實只有兩點。一是『不嗜殺戮』，每攻克一城，應嚴禁士兵奪人房產珠寶與妻女，百姓自然歸附。二為『廣納賢士』，同樣的，每攻克一城，就拜訪城中的耆老名士，禮遇讀書人。儒士書念得多，主意計謀也多，打仗有時並不是靠兵力的多寡，而是戰略的高下。此外，百姓對讀書人原就特別敬重，讀書人若肯為將軍效力，百姓自然也是從而歸之。」

朱元璋聽得津津有味，當下

便將李善長留在帳下，擔任書記，籌劃軍餉。在攻下滁陽城後，朱元璋即刻發了一道命令：

「凡是有搶劫百姓錢財的，一律歸還原主。強搶婦女的，立刻送回並賠償銀兩。以後一律禁止士兵有騷擾百姓的行為，違者軍法處分，決不寬貸。」

滁陽城中的百姓看到這道命令，當場歡聲雷動，並向彼此互道：

「朱元璋將軍真是愛護人民啊！」

「朱將軍比元軍，或之前占領滁陽城的紅軍，都要好。」

「對呀對呀！老伴，我們趕快回家跟之前被搶走的女兒團聚，快走……快走……。」

朱元璋與李善長穿著一般老百姓的藍衫布衣，混雜在人群之中，觀察大家的反應。朱元璋心中十分激動，緊握著李善長的

手，說：「李先生，多虧你的建言，我才沒有鑄下大錯，忘了要給老百姓過好日子，才是我當初從軍最重要的原因。」

不到幾日，朱元璋不打擾百姓生活的好名聲都傳開了，不僅滁陽城，甚至遠在幾里之外的城鎮也知道了，這也使得朱元璋的軍隊所到之處，都得到百姓熱烈的歡迎。這段期間內，也陸續有勇士來奔，如：鄧愈帶著軍隊投奔；武藝非凡、臂力驚人的常遇春也來投靠。這些儒士與勇士的投靠，使朱元璋猶如添了雙翼的猛虎，如今武將與謀臣都已具備，歷史正在等待著朱元璋開創。

成為大將軍

這日，傳達兵來報：「郭子興元帥領著軍隊，正朝著滁陽城而來。」朱元璋心想：「一定是濠州城

的幾位元帥惡鬥，郭元帥輸了。不知娘子是否有一起前來？」朱元璋忙令眾將士大開城門迎接。

只見郭子興領著部隊，風塵僕僕的，臉上略見疲態，郭元帥夫人張氏與馬姑娘則是在後方的車子內。朱元璋看到自己的夫人，雙方都十分高興。當晚，朱元璋就設宴款待郭子興，並當眾命令所有部眾日後都要聽從郭子興的號令。這時，郭子興臉上才露出喜悅的神情，一掃稍早見到朱元璋威風凜凜時，所起的不平衡心態。

郭子興雖是一個將才，耳根子卻很軟。朱元璋出頭太快了，軍中一些小心眼的人，常在郭子興面前說三道四，漸漸的郭子興心中也對朱元璋有了提防，因此在接手滁陽城的軍務後，他便刻意讓朱元璋疏遠軍務，開會或帶兵操練都避開朱元璋。朱元璋看

在眼裡，急在心裡，但也不知如何改善這情況，只能詢問馮氏兄弟與李善長該怎麼辦。

李善長聽完朱元璋的話，便道：「朱公子，您不用著急。這一個多月來我仔細觀察郭元帥，發現他耳根子軟，決斷力不足，很容易受他人的意見所左右。目前這樣的情形，是他身邊的人忌妒公子，在郭元帥耳邊道一些是非，才會使他對公子起了嫌隙。這部分馮兄已經打點好了，您放寬心，靜待好消息。」

朱元璋一聽，臉色一沉，怒道：「打點？我從來不取百姓半分銀兩，哪來的錢財打點？更何況大家都是為了要推翻腐敗的元朝政府而努力，有什麼道理連自己人也要用錢財打點？」朱元璋這時仍是個三十歲不到，意氣風發的青年，他有雄心壯志，卻對人性的弱點與卑微處體認不夠深，一一

聽這話，當場反駁李善長的想法。

馮國勝馬上出聲緩和局面。他說：「朱公子，體恤民生、不貪求百姓錢財，這些都是對的。但我們現在要面對的是一群小人，當然要用小人的計謀。小人還有分程度高下，而能夠用錢打發的，是程度最低的。」

「至於錢的部分，朱公子不用煩惱。我們兄弟倆原本家道就殷實，投靠朱公子時，變賣了部分家產，這筆錢正好用來打點郭元帥左右的人。」馮國用拍拍朱元璋的肩膀，說：「朱公子，您不用擔心。這幾天我們宴請了郭元帥身邊的一些人，送了一些禮，很快的就可以看到成果了。」

李善長看朱元璋臉色較緩和了，接著道：「沒錯，加上郭元帥手下除了公子之外，並沒有出色的人手。當有事發生時，還是需

要您出面打理的。我們現在只要靜待好消息就可以了。」

朱元璋聽到李善長與兩位軍師都這樣講，雖然心中還是有疑慮，但也只能等待時機的來臨。

所謂：「吃人嘴軟，拿人手短。」郭子興左右的小人得了好處，便開始稱讚朱元璋，說他：「忠心耿耿，連郭元帥這麼明顯的疏遠，朱元璋還是一樣恭敬；恭喜郭元帥有一個這麼好的女婿。」剛好滁陽城中因為士兵增加，糧食也快要沒有了，郭子興正愁不知道如何因應，這時有了臺階下，便順口道：「來人啊，快請朱元璋來商量滁陽城的政事。」就這樣化解了翁婿之間的尷尬局面。

當晚，朱元璋望著天邊的月亮，想到這件事的前因後果，眼神霎時轉為陰騺，心想：「真沒料到一個不知道怎麼解開的結，只

是花點錢，一切就迎刃而解。這件事教會我兩件事。第一，絕對要掌握軍隊，有了軍隊才是老大。第二，小人是要用小人的手段來對付。等我大事成功，這幫貪錢圖利的小人，我絕不寬貸。」

不久之後，郭子興得了重病，沒有幾個月就過世了。郭子興底下的幾股勢力經過幾番纏鬥，最後軍隊都落到朱元璋的手中。這當然有許多原因，可以歸納為幾點，一來朱元璋原本就是整個軍隊中最有戰功者，會帶兵會打仗；二來朱元璋底下有一批勇猛善戰的伙伴（如：徐達、湯和等人），更有一群替他出謀劃策的軍師（如：馮氏兄弟、李善長等人），其他人憑一己之力想要跟這樣一個智囊團對抗，自然沒有勝算。

最後一點，也是最重要的一點，朱元璋已經打定主意要掌握

軍隊。他是一個一旦下定決心就會努力前進的人，經過上次的事件，朱元璋知道成功不能只靠光明正大的方法，有時也需要搭配一些手段與心機。經過自己的努力及身邊人的協助，朱元璋最後果然盡得郭子興的軍隊人馬，成為真正的元帥。這一年朱元璋二十七歲（1355年），他花了三年的時間使自己從一個什麼都沒有的小兵，變成一位統領十萬大軍的將軍。

壯　年

——一統天下

攻下集慶

　　這天，在將軍府書房內，朱元璋坐在書桌前，看著桌上攤開著的一張地圖。

　　「咚，咚。」門口傳來敲門聲。

　　「進來。」

　　李善長、馮氏兄弟、徐達、湯和，五個人走進書房。

　　「不知將軍找我們前來有何事？」馮國勝拱手問道。

　　「你們都過來。」朱元璋指著桌上地圖的某一處：「目前情勢也大致穩定了。然而，每休息一天，穀倉的糧食就又少了一點，更何況不能成天向人民徵糧，這樣坐吃山空也不是個辦法，所以我們必須繼續前進。這是我想進

攻的下一處。」

「咦，這不是集慶嗎？集慶位於長江南岸，要攻下這裡必須渡河，得有水軍才行。」湯和抓抓頭道。

馮國用與馮國勝看到朱元璋所指之處，兩個人對望了一眼，心裡均想：「朱元璋果然記得當初我倆的建言──『攻取龍蟠虎踞的集慶，以此地為基礎，向外發展』。」

「沒錯，就是水軍。我打聽過了，集慶附近的巢湖一帶有一個廖舵主，手下有百條船隻與幾千人的水軍。我想請馮大哥與馮二哥代表我，去跟這個廖舵主談談，不論用什麼方法，務必使他願意出船與兵來協助我們。」朱元璋目光灼亮的看著馮氏兩兄弟。馮氏兄弟發現朱元璋將他們的建言謹記在心，心中大喜，早已下定決心要好好報答這位伯樂，現

在聽到要把這件事交付給他倆，當下義不容辭的接下任務。

朱元璋讚許的點點頭，轉向湯和與徐達，說：「湯和、徐達，你們各帶五千人從東西兩面進攻，分別在這……這……這……還有這……，」手指連連在地圖上飛點，「先攻下集慶旁邊的小城。等水軍一到，我們就從北東西三面，一舉攻下集慶。」

「李先生，我們的糧食還可以支撐多久？」朱元璋又問向李善長。

「若不向百姓徵糧，大約可支撐七日左右。集慶自古就是水鄉澤國，物產豐盛，若可以在七日內攻下集慶，糧草的問題就不用擔心了。」李善長摸著鬍子，緩緩道。

「很好，那我們就以七日為限，以攻下集慶為目標。」朱元璋朗聲道。

「是。」大家應道。

「好了，今天就到此為止。大家回去好好休息吧。」

七日內水陸大軍並進，從三面攻打集慶。集慶周圍城鎮早已被湯和、徐達攻下，集慶城孤立，加上三面被包圍，守將只好棄城，率領軍民數十萬投降朱元璋。

經營江南

朱元璋入城後，由李善長草擬兩道命令頒布:「全軍不可搶劫百姓錢財或妻女，違者軍法處分。」「元朝這個壞政府，政治腐敗，使人民生活苦痛。我朱元璋是為人民起義的，人民的福祉是我最大的考量；大家安心做事，好人我用他，貪官汙吏我除掉他，軍隊士兵若有騷擾百姓之處，我絕不輕饒。」同時，將原本集慶城官員府中的金銀財寶分給

所有的將領士兵，藉此也預防士兵們搶劫百姓。

這兩道命令與分賞的舉動，安定了軍心與民心，士兵得到了應有的獎賞，百姓也有了安定的生活。朱元璋雖然剛攻下集慶，但三日內全城就恢復了秩序，且因為有新的官員和軍隊維持城中秩序，沒有了貪官汙吏，百姓的生活比以往更受到保障。

這日，朱元璋照例與馮氏兄弟、李善長三位商議政事。

「報告將軍，有一位自稱是朱升的老先生，要求見將軍。」傳令兵來報。

「朱升……難不成是人稱『才如諸葛』的徽州老儒朱升？」李善長眼神一亮驚道。

「如果是老先生，那搞不好是喔！」馮國勝臉上露出興奮之情，向一臉疑惑的朱元璋說：「將軍，朱升是徽州著名的奇才，年

輕時就以才高八斗、善於謀略聞名天下，腦中猶有萬部兵書，加上武功精湛，是不可多得的高人。但他為人古怪，年紀越大，脾氣越暴躁，連小明王＊要請他入朝為官，都吃了閉門羹。」

　　朱元璋一聽，好奇心都被勾起，忙道：「那還不快請，快請朱先生！」

　　朱升年紀看起來六十幾歲，身穿灰色的衣服，頭髮與鬍鬚全部都白了，但眼睛炯炯有神。一入門，瞧了瞧屋內的所有人，就直接向朱元璋不客氣的問道：「你就是朱元璋？我問你，起兵打仗，所為何事？」

放大鏡

＊小明王　白蓮教教主韓山童的兒子韓林兒。韓山童被元朝抓住誅殺時，韓林兒逃了出來。後來被起兵反元的劉福通尋獲，迎接為皇帝，又稱「小明王」。當時各地以「白蓮教」之名起義者，都接受小明王的冊封，郭子興也是小明王底下的一支軍隊。朱元璋得到整個軍隊後，為避免與小明王起衝突，仍接受小明王的冊封。

　　朱元璋頓時一愣，心想：「這個老頭還真是無禮。罷了，剛剛大家把他說得這麼厲害，我倒要看看他有啥本事？」朱元璋想了一想，緩聲道：「所為何事？一開始只是迫於無奈才從軍，從軍後發現自己有領兵作戰的能力，加上周遭的將領大都只為自己的利益，枉顧老百姓的生活，才開始思索或許我可以為百姓做點事情。加上三位先生……，」他眼神朝向馮國用、馮國勝、李善長三位點了一下，「因為他們的協助，我才有了今天的局面。」

　　「哈哈哈……不錯不錯，非常老實。」朱升手摸著白鬍鬚朗聲笑道。接著，他用手指著馮國勝說：「你是弟弟，你說說看現在天下的大勢。」

　　「我？你怎麼知道我是弟弟？」

　　「廢話少說，還不趕快道

來！」

　　馮國勝感覺好像又回到了兒時被私塾嚴厲的老夫子責罵的情景，只是朱升又多了幾分氣勢，趕緊畢恭畢敬的回道：「天下被劃分為幾股勢力，北方是元朝政府，蒙古人的天下；南方由『紅軍體系』與『非紅軍體系』占據。『紅軍體系』名義上尊稱韓林兒為王，但私下都各自發展，『非紅軍體系』則是以徐壽輝為主。」

　　朱升點點頭，拿起桌上的筆，在牆上懸掛的地圖上圈出「集慶」的位置，道：「集慶與北方的元朝政府中間夾著三股勢力，分別是集慶北方的紅軍韓林兒，西邊的紅軍體系陳友諒，以及東邊的非紅軍張士誠。這三股勢力對集慶而言，是一種優勢……。」

　　李善長依然是一襲白衣，他

腦中正在思索著朱升的話，搖了搖折扇，突然猛一敲頭道：「沒錯！是一種軍事威脅，但也是優勢。有這三大勢力保衛著，我們就不用直接面臨元朝軍隊的攻擊。等到這三股勢力與元軍鬥得兩敗俱傷，軍力被久戰削弱時，不管誰贏誰輸，我們都可坐收漁翁之利！」

朱升用眼神讚許李善長，點點頭續道：「想要坐收漁翁之利，我只奉上三句箴言，這個給你。」說完，右手輕揮，只見一張白紙向朱元璋飛去。

他與朱元璋相距有三公尺遠，一張薄紙輕輕飄過去，猶如被一陣風吹送過去一般，直直落在朱元璋手中。這功夫比徒手投擲千斤巨石的功力更難，眾人無不佩服，便好奇的圍在朱元璋身邊，想要看看紙上寫了些什麼。只見上頭字跡遒勁挺拔，寫著三

句話：「高築牆，廣積糧，緩稱王。」

　　眾人抬頭正要詢問，早已不見朱升的蹤影，不禁愕然相對。這時門外傳來朱升蒼勁的聲音：

「朱元璋，希望你不要忘記剛剛所說的『為老百姓』的目標。」

　　馮國用與馮國勝看著紙上的三句話，再看看彼此，馮國勝開口道：「哥，你說這個朱升像不像我們小時候的私塾夫子？」

　　「我們的夫子，可沒有這麼怪，也沒有這麼好的功夫，更提不出這麼高明的見解。他差朱升，差遠了喔！」

　　眾人聽了都哈哈大笑。

　　就這樣，朱元璋將「集慶」改名為「應天」＊，依照朱升的三句箴言，實施「屯田制度」：將民間的壯丁編作民兵，加入原

放大鏡　＊這也是為什麼「南京」又稱為「應天」的原因，代表朱元璋的占領「順應天命」的意思。

本的軍隊中，農忙時耕作，農暇時練習戰鬥，整建修葺城牆，把作戰力和生產力合而為一，不但加強了作戰力，也增強了生產力。

農作物的豐盛與水利有很大的關係，朱元璋少年時家鄉旱災饑荒的慘痛經驗給了他極深的印象，故他下令興修水利，也確實做好「秋收冬藏」的準備，他暗下決心，絕對不會再讓百姓餓肚子。一段時間過後，朱元璋的統治區恢復了農業生產，境內百姓生活安定，朱元璋成為糧食充足，軍隊訓練有素的強大勢力。朱升的三句箴言替朱元璋的事業奠定了穩固的基礎，讓他可以面對後來與陳友諒關鍵性的大戰。

恢復郡學

朱元璋以應天為基地，盡量不與周遭三方勢力正面衝突，全

力培植自己的實力：他不僅在軍隊的訓練與糧食的準備上，更在他自己學問的增長上下功夫。經過這幾年的磨練以及與馮氏兄弟和李善長的朝夕相處，朱元璋明白了讀書的好處，有許多問題他可能有想法，可是卻不容易想出一個全面性的解決策略，這些都要靠與馮氏兄弟或李善長的討論，所以他非常尊敬有學問的讀書人。

朱元璋特別喜歡史書，因為「讀歷史可以鑑往知來」。對朱元璋而言，許多歷史故事都可在帶兵打仗或處理政事時用上，所以他一有時間就會請馮氏兄弟或李善長幫他講解史書，也會命令軍隊中的大將們，如湯和、徐達、常遇春等人，一起參與討論。

這天，李善長講解《漢書》後，大家正在書房中閒聊討論。

「李先生真是學問淵博。可惜我小時候家裡窮只能去放牛，不能好好念書，不然，搞不好我現在也是一位『先生』呢！」湯和搖搖頭，感嘆的說。

徐達聽了，大笑道：「哈哈……這是不可能的事。老湯，你當我第一天認識你呀？就算你有書念，夫子也可能會氣到把你趕出私塾。」

湯和氣憤的回道：「好啊好啊，你這個臭阿達，敢看不起我！李先生，你來評評理，我們兩個誰的學問比較好？」湯和轉向李善長，要他來斷個公道。

「你們兩個都是讀書的人才，假以時日，要成為『先生』都不是問題。」李善長誰也不得罪，聰明的回道。「說到這個，我最近一直在思索，正好可以趁今天提出來。」李善長眼神看向朱元璋。

「你們兩個都多大了，還跟小孩子一樣吵架。李先生有正事要說。」朱元璋制止了還在一旁鬥嘴的徐達與湯和，看著李善長道：「李先生，請說。」

「呵呵……其實要謝謝湯和與徐達，藉由剛剛的鬥嘴，才把我的想法具體化。是這樣的，我建議可以試著恢復郡學，讓沒有辦法念書的人，可以再繼續念書。」李善長頓了一下，望向朱元璋，朱元璋知道這提議背後一定還有其他用意，點了點頭，請他繼續。

「近幾年，元朝政府腐敗，加上各地起兵反元，老百姓謀生都有困難了，官學或書院自然也停止了，一些以教書維生的儒士也苦於生活，四處流浪。現在我們管轄的地方以應天為中心，農業與軍事大致上都穩定了，下一步可以『恢復郡學』為名，廣聘

儒士，天下人才自然會集中到我們這裡來，又可博得『恢復儒學，尊重儒士』的好名聲。」

朱元璋用力拍了大腿一下，喜道：「高招！真是高招啊！這件事就全權交給李先生辦理。」

李善長拱手道：「是。」

就這樣，在天下兵荒馬亂之際，學校久廢之時，只有朱元璋轄下的領地又聽到了久違的琅琅讀書聲，許多著名的儒士，如宋濂，就是在此時被聘為經師。這一政治作為，雖然是收買人心，尤其是讀書人的最好辦法，但也使朱元璋與元末起義的群雄有了明顯的區別，他的施政因而獲得了讀書人的支持，也幫朱元璋尋找到他稱為「吾之子房」*的劉伯溫。

延攬劉伯溫

劉伯溫是何許人也？《明

史》上記載：「劉伯溫輔佐朱元璋平定天下，料事如神。」

劉伯溫，本名劉基，出身書香世家。自幼聰穎異常，熟讀儒家經典，後來參加科舉考上進士，便擔任元朝官員。官海浮沉多年之後，他對元朝政府的腐敗感到灰心，於是辭官隱居山林。辭官後，劉伯溫遊歷大江南北，看遍名山大川，這段期間內，他從傳統的儒生，轉而研習「雜學」與「百藝」，舉凡天文、地理、醫療、軍事、陰陽、占卜……等，無書不讀，無一不通；加上個性慷慨豪邁，擅於結交朋友，故名聲遠播。

話說朱元璋藉由恢復郡學，禮聘了許多江南的儒士名人，其

放大鏡

＊意指「我的張子房」。張子房是幫漢高祖劉邦打天下的軍師張良，字子房。他幫漢高祖制定了許多策略。說一個人為「吾之子房」，代表此人對自己的事業有很大的幫助。

中陶安與宋濂都是劉伯溫的好友，因此兩人都向朱元璋推薦劉伯溫。

這時候，劉伯溫已經快五十歲了，雖然朱元璋幾次派人來訪相請，他都以年紀大的理由婉謝。

這天，劉伯溫照例到屋後的竹林間散步。他走在山林中，心裡想著前幾天接到的宋濂的信，信上寫著：「劉兄，你所著《郁離子》一書雖然闡明了許多治國理念，但這些理念若沒有實施，不過是紙上文章，對社稷、對民生幫助有限。如今，眼前有個大好的機會可以實現你治國的理念，希望你能接受朱元璋將軍的禮聘。」

劉伯溫抬頭看看眼前蒼鬱的山脈，心想：「隱居此處多年，早已習慣山林閒散隨性的生活，對於當官，實在提不起多大的興

趣。」隨即轉念一想：「但宋兄所說為社稷、對民生，我劉基至今好像貢獻有限。子曰：『五十而知天命。』＊若朱元璋再派人前來，代表他真的是禮賢下士之人，也是天意要我下山協助他。」

「主人，主人。」家僕老方氣喘喘的邊跑邊喊：「那個朱元璋又派人送禮來了。」

劉伯溫一聽，苦笑一聲，抬頭看著天上，無可奈何的道：「難不成真的是天命？罷了罷了……老方，我們這就收拾收拾，下山去了。」

數日後，應天府中，朱元璋正在書房處理政務，僕人稟報已將劉伯溫請入府中，正在大廳奉

＊「子曰」的「子」是指孔子。孔子曾說：「吾十有五而志於學，三十而立，四十而不惑，五十而知天命。」這句話是說：孔子十五歲就下定決心要好好鑽研學問，到了三十歲已經學有所成；四十歲時對於一切事理，都能夠想通，不疑惑；五十歲時已經可以體會上天賦與他的使命。

茶。朱元璋一聽大喜，連忙趕到大廳，迫不及待的想要見見這位大夥都一致推薦的人才。

大廳中，只見一個身著白衫的儒士，看似四十出頭的年紀，臉上神采飛揚，給人優雅而閒適的感覺。朱元璋只瞧幾眼，便心生敬仰親近之意。

「想必這位就是劉先生了吧。」

劉伯溫轉頭，看著從門外走進來的朱元璋，心想:「看此人面貌才不過三十出頭，卻有龍行虎步之態，濃眉大耳，下巴突出，目光炯炯有神；的確是有帝王之相。」劉伯溫不僅對於各種雜學多所涉獵，也擅長相面之術。

「呵呵……朱將軍您多次相請，大禮一直送，我劉伯溫要是再不下山，世人可要說我太會擺架子了。」劉伯溫微笑道。

朱元璋臉略微一紅，說道：

「劉先生，見笑了！打擾先生隱居，還請您見諒。今天下紛亂，百姓苦不堪言，實在是需要借助先生的才能，讓大家有更好的生活。」

劉伯溫一聽朱元璋這話，的確是將百姓的生活時刻惦記在心，加上來應天這一路上，看到朱元璋統治的地區，農耕與軍務皆井井有條，心中一熱，便說：「慚愧慚愧，我劉伯溫年近半百，對於社稷民生的貢獻，實在不如將軍。今蒙將軍不棄，我自當全力相助。」

用簡單幾句話，就得到劉伯溫這位上通天文，下知地理的軍師的心，這也是朱元璋高明之處。

朱元璋說:「請問先生，對目前我軍與天下的形勢有什麼看法?」

劉伯溫目光直視著朱元璋，

道：「這必須先問將軍，您是志在天下，或是以應天為基礎，占地為王即可？若是前者，我便出謀劃策助您奪天下；若是後者，重點就是在如何防守應天。」

「百姓豈有分『天下』或是『應天』？當然是要給天下百姓好生活。」朱元璋豪氣干雲的說。

劉伯溫淡淡一笑，道：「好，將軍果然志在天下！現在應天東南有張士誠，西北有陳友諒，要謀天下，就必須先殲滅此二人，將整個南方打下後，再北上攻打元朝政府，統一天下。」

朱元璋點頭，道：「嗯……先統一南方，再北伐，這個計謀好啊。但……，」朱元璋蹙眉，停頓了一下道：「這兩個傢伙實力都不弱，要怎樣才能解決他們呢？」

「採單一擊破戰術。張士誠富有，但疑心病重，行事較保守，為安於一方的土霸；陳友諒

兵力強，野心大，三不五時侵犯應天周圍。策略上，必須先全力除掉陳友諒，到時候張士誠勢單力薄，一舉就可掃除。」

朱元璋一聽，擊掌大叫，喜道：「先生見識果然不凡！」

「如今，將軍有應天之地，便是占盡『地利』。加上手下武將與儒士皆是當世人才，這是『人和』。現在所缺的是──」劉伯溫走到窗邊，推開窗，看著西邊天上隱隱成形的烏雲，道：「是『天時』。」

而劉伯溫所說的「天時」，果然就在幾天後來到。

打敗陳友諒

這天接到前方太平城告急的軍情，朱元璋趕緊召集部下，商議對付的辦法。

「你說說看目前的情形。」朱元璋問道。

「是。」傳報的士兵渾身沾滿了塵土與血跡，站在大廳，說道：「陳友諒三天前突然率兵來襲，花雲將軍率城中三千名士兵奮勇抵抗，但仍是不敵，花雲將軍……花將軍……」

「花將軍怎麼了？你快說！」

士兵眼眶泛紅，握著拳頭，悲憤道：「花將軍被俘，堅決不投靠陳友諒，被……被……殺了。」

朱元璋震驚的跌坐在椅子上，驚道：「什麼，花雲死了？」

「怎麼連花將軍這麼勇敢善戰的人，都打不過陳友諒？」

「陳友諒的十萬大軍來勢洶洶，攻破太平後，一定會沿江東下，下一個就是應天了！」

諸位將領們被花雲敗死的消息所驚，有人主張先放棄應天，避一避風頭；有人主張主動迎擊，為花雲報仇，大家亂成一團。然而徐達、常遇春等人則是

一臉悲憤，悶不吭聲。

　　一時之間大家都拿不出個主意來，朱元璋回神，只見劉伯溫雙目直視著自己，朱元璋一驚，心想：「難不成這就是所謂的『天時』？」當下沉住氣，講了幾句話穩住將士們的心後，單獨與劉伯溫在書房內商量對策。

　　「劉先生，難道這就是您所說的『天時』嗎？」

　　「呵呵……不錯。陳友諒號稱十萬水軍遠道來攻，食糧與武器要供給十萬人，補給上非常有限。加上沿途的奔波與……，」劉伯溫話停了一下，續道：「與花雲將軍的戰役，陳友諒軍隊肯定也有不少損傷。我們以逸待勞，可以說占盡了優勢，這就是『天時』。」

　　朱元璋一聽，心中五味雜陳，既高興可以用優勢與陳友諒對峙，也難過花雲的犧牲，心

想：「一將功成萬骨枯……我的成功，不就是靠著無數人的犧牲所達成的嗎？我絕對不能是那萬骨中的一個，而必須是那個成功的將領。」這時，朱元璋已漸漸體會到他所選擇的是一條不歸路，是一條用無數鮮血與屍體鋪成的道路。情況緊急，朱元璋現在連悲傷的時間也沒有，當下打起精神，專心與劉伯溫商議戰略。

原來朱元璋有一個屬下名喚康茂才，與陳友諒是舊識。朱元璋把康茂才找來，對他說：「這次陳友諒進攻，需要你的幫助。你寫封信給陳友諒，假裝要投降作他的內應，告訴他我方軍隊的假情報，讓他兵分三路，分散他的兵力。」

康茂才道：「這不難，但陳友諒生性多疑，一封信可能難以說服他。我家有一個老僕人，之前侍奉過陳友諒，讓他送信過去，

再加上假的兵力部署圖，陳友諒肯定不會懷疑。」朱元璋也同意康茂才的主意。

老僕人帶著康茂才的親筆信與假造的兵力部署圖連夜趕到陳友諒處，求見陳友諒。

陳友諒見了康茂才的信原本不太相信，但看到是自己以前的僕人和兵力部署圖，果真就相信了。陳友諒問道：「康茂才現在何處？要約在哪裡裡應外合呢？」

「康老爺現在駐守在江東橋，就約在江東橋。」

陳友諒做事謹慎，續問：「這江東橋是木橋還是石橋？」

老僕人答道：「是木橋，橋前頭豎著一面白色大旗，寫著『江東橋』，非常容易辨認。」

陳友諒大喜，與康茂才約好隔天午夜子時在江東木橋會合，並以「老康」為口號：一聽到「老康」，康茂才就陣前倒戈，

殺向朱元璋。

另一方面，朱元璋連夜把江東木橋改為石橋，按照陳友諒的進軍路線，設下埋伏，並指派另一路大軍從後方阻斷陳友諒的後路。一切準備妥當，只等陳友諒自投羅網。

話說陳友諒兵分三路，他想有康茂才作內應，一定可以一舉殲滅朱元璋，故親自率領著最精銳的將領士兵前往江東橋。船在夜間行駛，陳友諒站在船頭，遠遠就看到一面白色大旗在風中飄揚著，上面寫著「江東橋」三字，連忙下令快速前進。船駛近，點起油燈一看，發現不是木橋而是石橋，陳友諒用力喊了兩聲「老康」卻沒有回應。突然一支點著火的箭飛向陳友諒船上的幡桅，在黑夜中特別明顯，接連著數百、數千支一樣點著火的箭朝著陳友諒軍隊射出。陳友諒這

時才怒道：「可惡，中計了！」

　　原本寧靜幽闇的山上，此時白旗招展，白旗上寫著一個「朱」字，朱元璋的軍隊埋伏在四周，齊聲吶喊，將陳友諒軍隊團團圍住。白旗下，朱元璋騎著馬，揮舞著手中同式的小白旗，指揮整個軍隊的攻擊。陳友諒突然受到攻擊，只見火箭像大雨般不停朝著陳軍射去，陳軍一下亂了手腳，被打得措手不及。一段時間過後，廝殺雖然還在繼續，但陳友諒軍艦都著了火，許多士兵只好紛紛投水逃生，顯然朱元璋已取得了優勢。陳友諒憤恨道：「朱元璋你給我記住，此仇不報非君子。」情況危急，陳友諒只能在部將的保護下，趕快乘著小船逃走。這一戰將陳友諒最精銳的部隊幾乎殲滅，使陳軍元氣大傷。

　　陳友諒原是徐壽輝的部下，

因為立了不少功勞，最後將徐壽輝殺掉，自立為帝，國號大漢。這一場敗伏，可說是陳友諒平生最大的挫敗，他憤恨難消，怎麼樣也忍不下這口怨氣。回到自己的領地後，他開始製造大批的戰船，每艘都高好幾丈，上下三層。戰船造好後，陳友諒帶著所有的將士百官，號稱六十萬大軍，浩浩蕩蕩再次朝著朱元璋而來，準備與之決一生死，雙方軍隊在鄱陽湖*對峙。

另一方面，在朱元璋的陣營中，船艙點燃著數盞油燈，照得艙內恍如白晝，朱元璋、劉伯溫、湯和與徐達四人正在艙中連夜商議作戰策略。

「大哥，」湯和瞄了一眼坐在

放大鏡

***鄱陽湖**　在中國江西省的北部，長江的南岸，是中國第一大淡水湖。三國周瑜曾在此操練水師，歷史上許多文人墨客都曾以「鄱陽湖」之景為主題，是著名的景點。

朱元璋旁邊，神色若定的劉伯溫，搔搔頭腦，一鼓作氣的道：「大哥，陳友諒率六十萬大軍，我們只有二十萬，這仗要怎麼打？」

「廢話，就是不知道要怎麼打，我們才坐在這裡討論啊！」徐達看著湯和，搖搖頭說。

「你們別吵了。」朱元璋抬手制止鬥起嘴來的兩人，目光看向劉伯溫，說：「劉先生，請問我們要怎樣才能打贏這場仗？」

「呵呵……並不是人數多，就會打贏。你覺得陳友諒為人如何？」劉伯溫看向湯和問道。

湯和道：「陳友諒為人猜忌善妒、脾氣暴躁加上自視甚高，所以徐壽輝的舊部屬對他殺主子篡位的行為有很多不滿。」

劉伯溫道：「不錯！主帥與將士彼此無法信任，這就犯了兵法大忌。」轉頭向徐達，問道：「徐將

軍，你的箭法是否可以在一百尺內命中目標？」

「劉先生，你也太看不起我了。」徐達挺起胸膛，大手往胸前一拍，大聲道：「不要說一百尺，就算是兩百尺也難不倒我。」

朱元璋仔細聽著劉伯溫的話，聽到這裡心中已經明白了，開口道：「擒賊先擒王，徐達，你站在船頭負責射殺陳友諒。只要陳友諒一死，原本就各懷異心的將領，還怕不棄械投降？劉先生，這個戰略對吧？」

劉伯溫讚許的點點頭，看著地圖，用手指著一處，道：「陳友諒軍隊戰艦雖高大，但行動上不如小船自如。明天午後此處會吹東風，湯和，由你帶領七條裝滿柴火的小船，乘風點火，直衝陳友諒的大船。聽到我的鼓聲，你與士兵們點火後就棄船跳水。」

一切果然如劉伯溫所料，隔

日午後，只聽見一長串的鼓聲「咚咚咚咚」的傳來，就見七條火船衝向陳軍大船，風急火烈，一下子就把陳友諒數十艘大船全部延燒起來，火焰騰空，將整個湖面都照得通紅。朱元璋的士兵跳上敵船，大喊：「殺啊！衝啊！」大刀砍下，雙方廝殺，一時間也分不清是火光抑或血光。歷經數小時，陳友諒手下的將士不是被燒死，就是被俘虜。

　　陳友諒大怒，但也無能為力，只能帶著殘兵敗將向鄱陽湖口突圍。但朱元璋早帶著大軍將湖口堵住，等著陳友諒。朱元璋與徐達立在船頭，朱元璋喝道：「陳友諒在何處？躲起來算什麼英雄好漢！」陳友諒一聽，顧不得諸將的阻攔，衝到甲板上揮舞著大刀，怒道：「我陳友諒在此，有何本事，儘管放馬過來！」

　　朱元璋一看陳友諒現身，馬

上低聲對徐達道：「就是現在。」只見徐達弓箭瞄準後一放手，一箭飛快的就朝著陳友諒的心窩射去，「咻」的一聲，陳友諒已經手摀著胸口，霎時間戰袍上鮮血滲出，陳友諒跌坐在甲板上雙目圓睜，彷彿不相信發生的事，便氣絕身亡。朱元璋面無表情，看著陳友諒的屍體，道：「兵不厭詐，怪只怪你太自負。」

陳友諒被射死，其餘的部屬也喪失抵抗之心，紛紛棄械投降。朱元璋以少擊眾，以出奇的戰略，消滅了南方最大的割據勢力陳友諒。

削平群雄與北伐

消滅陳友諒後，朱元璋立即下令準備攻打張士誠，希望可以利用打勝仗的聲勢，一鼓作氣也消滅張士誠。這天，朱元璋召集各參謀將軍，商討如何攻打張士

誠。

　　「你們大家說說，如何攻打張士誠？」朱元璋道。

　　「張士誠與陳友諒相比，只是個反反覆覆的小人：一方面跟陳友諒合作，但陳友諒危急時，卻不派兵支援；另一方面又投降元朝，向元朝要官來做。」常遇春一副瞧不起的表情。

　　「嘿嘿……雖然是個小人，但卻是個有錢的小人。他與他那些兄弟靠販賣私鹽所賺的錢，過著奢華的生活，那些錢夠一般人家好幾輩子的費用了。」湯和道。

　　「張士誠有三個賣鹽起兵的伙伴，跟他情誼深厚，若攻打張士誠，這三個人必定會出兵聲援，到時我們以一敵四，情況不利。」李善長皺眉，緩聲道。

　　朱元璋聽了，沉吟了一陣子後道:「嗯……不能先擒王，那就分兵擊破吧。先收服張士誠左右

手後，再全力進攻張士誠。」

戰略確定後，由徐達、常遇春率軍分別攻打張士誠的伙伴們，當第一個投降後，第二個、第三個也很快的歸順了。張士誠少了三個得力的伙伴，獨守孤城，在朱元璋全力攻打之下，最後城破，張士誠被俘，自盡身亡。

朱元璋接連消滅陳友諒、張士誠以及其他的割據勢力，他現在已經是南方最大最強的勢力，足夠與北方的元朝一決勝負，只是在他內心還是有一隱憂未除。

這天，在慶祝消滅張士誠的晚宴上，朱元璋因多喝了點酒，一個人獨自在花園裡吹風醒酒。在夜風輕吹下，耳朵依然可以聽到遠方大廳傳來的歡樂聲。朱元璋習慣性的抬頭望著天上皎潔的月色，心中閃過許多念頭：「誰會料到，當初只能睡在柴房，吃都

吃不飽的小和尚，竟可以坐擁這半邊的天下？不……這半邊天下還有一個韓林兒未除。」

韓林兒就是小明王。最初朱元璋在南方勢力未討平前，都尊奉韓林兒為王，接受小明王的冊封，這樣一來，朱元璋等於是小明王的部下。之後，張士誠攻打小明王，朱元璋派兵援救，將小明王接到了滁州。

「可惡……不甘心啊。沒道理我打下的江山，要白白跟另一個人分享。但部分將士們都自認是紅軍，認為小明王才是『彌勒降生，明王出世』的真主。我想要除掉韓林兒，可不能明目張膽，需要私下偷偷進行。」朱元璋心思轉了幾轉，眼神霎時轉為陰鷙，心中已經打定主意。十多年的軍旅生活，朱元璋看遍生死無常，眼見豪傑一個個興起又被滅亡，讓他歸結出一個結論：「權力

與軍隊一樣要緊緊抓住，絕不可放。」

隔日，朱元璋當眾宣布:「南方既已平定，理應迎小明王來應天即位。」便派大將廖永忠準備大禮，即刻出發至滁州迎接小明王。廖永忠出發當晚，朱元璋召他私下密商。十天過後，傳來小明王所坐的船沉於大江的消息。

朱元璋替小明王舉行了隆重的祭禮，朱元璋嘆道:「唉……所謂人死不能復生，廖永忠雖然護主不力，但現在正是需要人才的時候，只能讓他戴罪立功了。」朱元璋輕輕的處罰了廖永忠，事情就這樣結束了。＊而朱元璋也順勢坐擁一半的天下了。

至於另一邊北方的天下，則掌握在元朝皇帝元順帝的手中。元順帝的個性喜歡大開宴會，郊遊打獵。他精於各類木工設計製作，醉心於宮殿、龍舟的搭建，

是一個傑出的設計師，有「魯班*天子」之名，然而就治理天下的角度，他卻是一個糟糕的皇帝。元順帝怠惰政事，昏庸不明，加上聽信讒言，殺了有作戰領軍能力的脫脫宰相，導致元軍部隊統領無方，民變擴大，朝政越來越糟糕。雖然南方朱元璋勢力擴大的消息一直傳來，但元順帝躲在宮內遊玩享樂，大臣們見不到皇帝也無可奈何。

　　南方大致安定後，朱元璋派出大軍，北伐中原，一統天下。北伐大軍出發前，一場決定此次戰役勝負的作戰策略，由朱元璋

放大鏡　　*相傳朱元璋偷偷命令廖永忠鑿沉小明王的船，把小明王淹死江中。不論真相為何，小明王一死，朱元璋便名副其實的擁有了半個天下。

*春秋末期著名的工程師，真實姓名不詳，史載為「公輸般、公輸盤、公輸班」，因為是魯國人，所以後世都稱為魯班。魯班創造了雲梯、戰舟、鋸子，也修建了許多宮殿、廟宇、寺廟，因此工匠們（木工、瓦工、石匠）都奉他為祖師爺。「魯班天子」代表元順帝與魯班一樣，具有工匠的才華。

與劉伯溫、宋濂三人商議決定。話說打仗一定要「師出有名」，現在小明王死了，便不能再以「明王出世」為理由號召民眾，且這樣的口號，只能吸引原本就生活貧困的農民，較難獲得讀書人的響應。朱元璋因為自己讀書有限，想不出一個具有正當性又琅琅上口的口號，所以找來劉伯溫與宋濂這兩位當世名儒想辦法。

「想請教這次北伐的名義，兩位先生有什麼建議嗎？」朱元璋坐在書桌前問道。

劉伯溫剛進書房，就眼尖注意到朱元璋書桌上有好幾張紙，寫著各種口號，其中有一張寫著「明王出世」但卻被畫上一個大叉叉。要知道劉伯溫與宋濂本身是讀書人，從小接受儒家思想的薰陶，劉伯溫雖然後來涉獵雜學，但其實骨子裡還是儒士，所

謂：「子不語：怪、力、亂、神。」＊他們老早就對「彌勒佛轉世」、「明王降生」這一些宣傳口號感到不以為然，但因為朱元璋軍隊多是紅軍出身，也不好說些什麼。現在聽到朱元璋這一開口，這一對知心好友的眼神對望了一下，彼此都知道這是個將紅軍變成「恢復儒家道統」之師的好機會。

　　劉伯溫先開口，說：「北方除了蒙古人之外，還有漢人、色目人等。應該要讓人民知道我軍北伐的目標，是驅逐違綱亂紀的元朝政府，恢復中華文化的秩序，不會威脅到原本定居在北方的人民。只要願意投降的，我們都會保障其財產生活。這樣我軍所遇

＊這句話出自《論語》。孔子認為人生活在世上，應該將重心放在自己的學問、品格德行如何進步上，不應該太關注鬼神、神怪等不可知的事情。

到的抵抗就會降低許多。」

宋濂接著說:「沒錯,只要願意認同儒家文化的人,我們都給予保障。自古中國就是處於這片土地上的中心,夷狄在四周尊奉中國,我們北伐的目的就是要恢復這天下正道。」

朱元璋點了點頭,開口問道:「兩位先生說的都很有道理,但是要怎樣才能讓北方的人民知道這些呢?」

劉伯溫摸著鬍子,呵呵笑道:「自古出兵討伐前,都會有一篇檄文公告天下。我建議以『驅逐胡虜,恢復中華』*為中心,請

放大鏡

*朱元璋最初起兵只是因為生活困苦,官逼民反,並趁勢和當時民間流行的宗教「白蓮教」結合。當越來越多的讀書人投靠朱元璋,朱元璋受到儒家思想的影響也越來越大;北伐時所提出的「驅逐胡虜,恢復中華」,已經將原本「民變」性質的起兵,提升為「民族革命」。同樣的,國父孫中山起義推翻滿清政府時,也提出「驅逐韃虜,恢復中華」的口號。由此可見,儒家思想對中國深刻的影響。

宋先生撰寫這篇文章。」

朱元璋喜形於色的說:「哈哈哈……『驅逐胡虜,恢復中華』,這兩句話真是妙極了!好聽的話,有時比刀槍更能收買人心,尤其是對付那些念了一堆書的儒生士大夫。」

劉伯溫與宋濂對看了一眼,心中苦笑道:「念了一堆書的儒生士大夫,不就是指我們倆?」

「這件事就請宋先生負責。劉先生,你先留下,我還有事情與你商議。」

「是。」宋濂俯首答應後退下。

這時房中剩下朱元璋與劉伯溫兩人。這幾年來,朱元璋對劉伯溫料事如神的本事雖然很佩服,但總是想要抓他一兩次失誤,所以一有機會就會想要考考劉伯溫。朱元璋喝了口茶,說:「劉先生,你猜猜我要與你商議

什麼？」

「北伐的將軍人選，對吧？」劉伯溫微笑道。

「哈哈……沒錯，先生果然是料事如神啊！那你覺得誰才足以擔此重任呢？」朱元璋笑道。談笑風生的同時，朱元璋心中再次驚訝於劉伯溫的本領，暗想幸虧當初劉伯溫沒有接受小明王的聘用，要不然現在坐擁半邊天下的人，可能就不是自己了。若是劉伯溫成了敵方陣營的人，那可大大不妙。

只聽劉伯溫緩聲道：「北伐的重任，嗯……徐達與常遇春都是好人選。徐達智勇雙全，行軍持重，而常遇春勇猛果敢，每戰必先。北伐將軍這個重任，需要謹慎善謀，沉穩決斷之人；相較之下，徐達的行事風格較常遇春更適合擔任將軍。」

朱元璋思索了一下：常遇春

較衝動，對蒙古人恨意尤深，曾有次大開殺戒，把戰俘都處死。北伐不僅要把江山打下來，也要收服人民的心，就此看來，徐達的個性應該比較合適。下定主意後，朱元璋說：「先生分析的有道理。就這麼決定：由徐達擔任將軍，常遇春為副將軍。先取山東和河南，斷掉大都的羽翼屏障後，再全面進攻大都。」

徐達與常遇春領軍北伐，他們倆能與士兵同甘共苦，治軍嚴謹，不妄殺百姓，北伐得以順利進軍，在收服山東與河南後，一步步朝著大都前進。另一方面，北伐前朱元璋對外公告的檄文也起了很大的作用。宋濂不愧為當世大儒，他所撰寫的檄文用字遣辭優美，內容更是言之有物，是儒家正統思想的傑作，明白宣示「驅逐胡虜，恢復中華」的使命，漢人應該由漢人自己治理；

另外，「立綱陳紀，救濟斯民」的號召，也使北方人民明白大軍北伐是為了恢復秩序，安定人民的生活，同時也打動儒生士大夫的心。這是一個非常成功的宣傳，投降的、放下武器的，一天一天增多。

開國大帝

在北伐順利進軍的同時，朱元璋與諸臣們也開始籌備登基為皇帝的各項事宜。歷代帝王即位的形式，照規矩是臣子幕僚要不斷的推舉勸進，想做皇帝的人要先拒絕，說些「我學識能力不足」、「大家太抬舉我了」諸如此類的客氣話，不能一下就答應；要這樣來來回回至少三次，第三次或第四次才接受。這是中國傳統上的習慣，代表不是我想當皇帝，是因為大家不斷的推舉，我才勉為其難即位。

　　這天，朱元璋坐在首座大位上，看著下面黑壓壓的一堆大臣將軍，連徐達、湯和也放下軍務趕回應天，參加朱元璋的即位大典。前一天晚上，李善長與宋濂等人已向朱元璋說明了登基為皇帝勸進的過程，現在李善長正帶頭勸進道:「開基創業，既宏盛世之興圖，應天順人，宜正大君之寶位。」

　　朱元璋聽著李善長滔滔不絕的話，心裡想著，雖然他這幾年常和儒生在一起，還是不習慣讀書人講話老是咬文嚼字的，明明簡單幾句話就可以說清楚的事情，卻總要講成長篇大論。朱元璋轉念一想，我二十幾歲就從軍，雖然一開始沒有想過當皇帝這件事，但經過十多年辛苦的南征北伐，不僅要協調文人與武將的衝突，要聽謀士的諫言，還要表現出身為主子的寬宏大度，這

些不都是為了要當皇帝？我等這天已經很久了，有必要虛假的推讓嗎？

剛好李善長也講完了，等著朱元璋的推辭。朱元璋心意已定，眼光掃了周圍一圈，朗聲道:「好，我接受大家的推舉，即位為帝。」

頓時整殿的人都愣住，心想:「怎麼一次就接受了，這樣不符常規吧？」只有湯和、徐達、周德興先反應過來，馬上跪下大聲道:「吾皇萬歲，萬歲，萬萬歲！」這種氣魄與直率才是從小一起長大的朱元璋，要當皇帝就當皇帝，何必虛情假意推讓半天！其他人這時才反應過來，跪下齊聲道:「吾皇萬歲！」

「呵呵呵……眾卿平身。」朱元璋開心的道。劉伯溫抬頭看著意氣風發的朱元璋，心想:「朱元璋果真有開國大帝的豪氣。但是

馬上打天下的人，下馬後，是否可以當位仁君呢？」

「皇上，那關於國號，我們這個新朝要叫什麼呢？」湯和率先問道。

「我……朕＊一時間也沒有主意，大家有什麼想法，說出來聽聽。」朱元璋一時改不了稱呼，開口說了第一句才發現從今以後都要自稱「朕」了，心裡覺得這種唯我獨尊的感覺真是不錯。

「歷朝國號的命名有四個依據，第一是封國的名稱，如秦朝，就是由秦國所發展而來的；第二種是原本的爵位名，如唐朝，其開國君主原為唐國公；第三是以特殊物產為名，像創立金朝的女真人，原本生活於盛產金

＊就是「我」、「吾」。秦朝之前，每個人都可以自稱為「朕」，但秦始皇滅六國統一天下後，規定只有皇帝可以用「朕」自稱，也成為後代皇帝們的自稱。

子的河流旁，故以『金』為名；最後才是取字面的意思，如元朝的『元』，有『大』、『第一』的意思，是出自《易經》的『大哉乾元』句中。」宋濂學問淵博，馬上就說出歷朝國號的命名依據。

「我們都不是王公貴族，哪會有封國和爵位？依我看，倒不如用我們家鄉的名稱，讓後世的子孫都知道我們是從哪裡來的。」周德興率先道。

「我也贊同用家鄉名稱。」徐達附和，卻說不出道理來。周德興、徐達、湯和等人與朱元璋同鄉，對於故鄉都有一分眷戀之情，下意識就做出了選擇，但是苦於不是文人儒士，說不出長篇大論來說服大家。

朱元璋心裡也是同意這個提議的，但他看了站在另外一邊的文臣們，臉色不是很贊同，他心

裡嘆了一口氣，暗想：「當皇帝也不是件容易的事，要讓大家都感到滿意才行。」朱元璋只得開口道：「大家還有不同的意見嗎？」

劉伯溫站出來道：「兩位將軍的提議雖然不錯，但是我認為『明』更適合作為國號。」

話一出口，眾人一片譁然。朱元璋心頭一刺，暗想：「這不是隨時都在提醒我暗殺了小明王的事情嗎？」宋濂心裡則想：「這是什麼建議？這不就會讓『明王出世』這種怪力亂神的宣傳更加猖獗嗎？」一些原本是紅軍的將領們，則點頭說：「這個不錯，代表我們是出自小明王旗下。」

劉伯溫等大家都安靜了，這才開口：「這樣建議有三個原因：第一，民間早就流傳著『明王轉世，拯救世人』的口號，我們以『明』為國號，等於是向天下萬民宣告明王就在此，杜絕其他人

再以同樣的名號起兵。第二，我軍將士大部分都出自小明王麾下，以『明』為國號，代表不忘本。」

這兩個理由講得合情合理，也符合實際的政治情況，的確是最快可以達到安定天下人心的國號。「至於第三點……，」劉伯溫道。

「第三點是『明』也符合傳統的儒家思想。」李善長接著說。他聽到這裡已經知道劉伯溫的想法，「國號」除了要能取信天下萬民，也必須調和朱元璋底下紅軍與儒生兩個系統。

「沒錯，『明』是朝『日』夕『月』的合寫，代表光明；加上古籍上有記載『朱明』兩字，恰好是『國姓』與『國號』的合寫；加上我朝起於南方，在陰陽五行中，南方為火，代表光明。從各方面來看，『明』都是最好

的選擇。」劉伯溫道。

諸臣一聽直呼:「巧,真是太巧了!」儒生與武臣顯然都認同「明」這個國號,朱元璋心想:「算了,與其避而不談小明王,還不如光明磊落的號召。」他決定後,便朗聲道:「好,我們就以『明』為國號。」

1368年,朱元璋在應天皇宮接受朝拜,即位為皇帝,國號叫明,年號洪武,他就是洪武大帝,後世稱明太祖。這年他四十歲。元璋隨即立馬氏為皇后,立世子朱標為皇太子,以李善長、徐達為左右丞相,文武百官也都加官晉爵。同年,徐達率領的軍隊攻破大都,元順帝倉惶逃走,結束了元朝對中國九十幾年的統治。

5 功與過參半的皇帝

劉伯溫功成身退

話說劉伯溫看到朱元璋登基為皇帝後，不久就吩咐老僕人道：「老方，將行李打包收拾。」

老方驚訝的問道：「主人，我們要遠行嗎？」

「不是遠行，是回山上老家去。」劉伯溫道。

「不是才天下太平，要剛開始享福而已，怎麼就要回鄉了啊？」老方嘴裡一邊碎碎念著，一邊手裡開始打包整理。他跟了劉伯溫十多年，早就習慣劉伯溫這種出乎意料的舉動，也知道劉伯溫只要一打定主意，就不會更改的個性。

這時，湯和恰巧來訪。一進門看到老方在收拾行李，訝異的

說：「劉先生，早啊！咦……老方幹嘛收拾行李呀？」

「湯將軍，是你啊！呵呵呵……現在天下已定，我跟老方要回鄉安養天年了，所以叫他把行李收一收。」劉伯溫微笑道。

「在應天也可以安養天年，幹嘛一定要回去山裡呢？」

「湯將軍，我不像你正值壯年，我已經是老頭子了，榮華富貴比不上清閒的生活對我有吸引力。」

「劉先生，」湯和話聲一停，望著神色自若的劉伯溫，疑惑道：「難不成你在氣陛下沒有封你做丞相？」

「噗——」劉伯溫一聽，一口茶差點噴出來，順了口氣，道：「呵呵……你會這麼想，代表很多人一定也是這麼想的。不是這樣的，我原本出山，就有跟陛下說好了，等大事一成，就是我

功成身退的時候。」

　　湯和看劉伯溫如此堅持，只能說：「先生如此堅持，我就不再多說，但至少讓我送先生一程吧！」

　　應天城郊，芳草萋萋，大道路上立著三個人影，分別是劉伯溫、湯和與提著簡單行李的老方。「湯將軍，送君千里終須一別，到這裡就好了。」劉伯溫道。

　　湯和露出不捨的神情，道：「劉先生，那你千萬要保重啊！」

　　湯和個性一向爽朗，不像朱元璋心思深奧難測，這幾年相處下來，劉伯溫是喜愛這位晚輩的。他看著湯和真誠的臉，突然靠近湯和耳邊，低聲道：「不要把我的話透露出去，把這三句話牢記在心：『兔死狗烹、鳥盡弓藏、國破臣亡。』＊」

　　湯和一聽臉色大變，驚道：「不……不會的……陛下……。」

劉伯溫馬上抬手制止湯和，道：「噓……不要說。你只要記住這幾句話，小心行事就好。我走了，就此告別。」

湯和目送著劉伯溫的離去，春風吹來，雖然是溫暖的風，他卻感到一陣寒意，身體打了一個冷顫。湯和一直要到多年後，才深刻的體會到劉伯溫這三句話的意思。

政績──嚴懲貪汙

因為朱元璋出身民間，自小嚐遍苦難，深知官吏的廉潔與人民是否能夠安居樂業有很大的關係，所以他痛恨魚肉鄉民的官吏。他即位後，為了懲戒元朝末

放大鏡

＊原文為：「狡兔死，走狗烹；高鳥盡，良弓藏；敵國破，謀臣亡。」意思是狡猾的兔子捕獲了，原本追兔子的獵狗就可以煮來吃；高飛的鳥射盡了，好的弓箭就可以收藏起來；敵國滅了，就不需要謀臣出主意了。比喻事情成功之後，有功的人沒有受到獎賞，反而受到猜忌，遭到疏遠或殺戮的命運。

年以來腐敗的政治風氣，詔令天下：「地方官吏若是貪贓收賄，人民可以到京師陳訴告發。貪贓超過六十兩銀子者，斬首示眾，並處以剝皮之刑。」對官員貪汙的懲罰非常嚴厲，官員連一件衣服或一本書都不敢收，大力整頓了元末以來官員們貪汙的習性。

太子朱標自幼就跟著宋濂學習詩書禮儀，個性謙厚溫文，成年後也跟在朱元璋旁邊學習處理政務。這天，他看著朱元璋下令將一位貪汙的官員斬首示眾，忍不住開口道：「父皇，這官員只是貪小便宜收了一些銀子，他平日政績表現出色，這個刑罰會不會太重了些？」

一直以來，朱元璋對他這個親生兒子總是存在著複雜的情感，既喜歡他文質彬彬、溫文有禮的性格跟自己爭強好勝的性格不同，彌補了自己的不足；另外

一方面又擔心朱標太過婦人之仁，所謂「虎父無犬子」，怎麼這個兒子一點都不像他，反倒是四子朱棣的個性比較像他。朱元璋決定利用這個機會，好好給太子上一課，於是嚴厲的說:「標兒，你要記住，國君要是太軟弱，就容易被臣民欺負。作為一個國君，執法一定要嚴明，才能夠建立威信，寧可選擇讓臣子怕你、懼你，他們才不會以下犯上。他雖然只是收小賄，但不論是一兩還是六十兩都是收賄，就得判死刑。」

朱標遲疑道:「但書上有云：『以德服人者王，以力服人者霸。』父皇這樣……」

朱元璋舉手打斷朱標的話，面色凝重的看著他道:「沒錯，君王對人民百姓是要有『德』，但對於文臣武將則是要用『力』。標兒，你生長在宮裡，沒有受凍

挨餓過，無法體會餓都可以餓死人的痛苦。父皇絕不允許在我的統治下，官員魚肉百姓的情形再度發生。你要好好跟父皇學學。」太子聽了，也只能唯唯稱是。

朱元璋想到小時候偷吃牛被毒打的自己，因饑荒而死去的家人，以及沿街乞討流浪的和尚生活。人的生活與際遇會深深影響後來的想法，朱元璋全靠著堅毅不服輸的努力，才當上皇帝；但之前經過太多不幸，已經養成他憤世嫉俗的性格，所以執法嚴屬，絕不寬貸。對百姓而言，朱元璋是個愛民的好皇帝，但對於朝廷官員則恰恰相反。這樣的性格，當皇帝很容易走上過於凶狠的路途，這後面會再詳述。

政績──恢復農桑

天下經過數十年的戰亂動盪，大部分的土地都荒蕪了，人

口也因為饑荒及兵亂減少很多。朱元璋對官員的要求雖然很嚴厲，但非常注意要減輕老百姓的生活負擔，他始終記得：「人民富足，就會擁護皇上；人民貧窮，民心就會遠離，所以人民的貧窮與富足，是國家是否安定最重要的原因。」

朱元璋採取獎勵墾荒的政策，他鼓勵百姓遷移到人口不足的地方開墾荒地，政府會撥發田地以及耕種的牛隻，並減輕賦稅等優惠的條件；另外，還興修全國的水利，推廣桑樹、棉花等經濟作物，教導百姓栽培的方法。這些有利於恢復農業生產的措施，成功的使明初的社會得到了恢復和發展。

朱元璋將他兒時在農村的經驗，運用到治國的政策上。因為朱元璋的故鄉曾因天災所引起的饑荒而民不聊生，所以他下令各

地若有天災發生，官府必須開糧倉賑濟，受災的州縣也可以免除當年的賦稅。

又譬如，中國每個朝代的百姓對朝廷都有「納稅」和「差役」的義務，雖說是義務，但這當中有很多不公平處。中國以農立國，大多數的百姓都是農民，所以納稅的多寡是依據田地的大小而定，又稱為「田賦」。然實際的狀況是：地主擁有很多田地，卻只納少少的稅（如：劉老頭）；佃農們沒有田地，但卻必須負擔大部分的稅（如：朱元璋的爹）。而「差役」是指每戶人家若有男子，就必須幫朝廷做幾個月的工作，如修城牆、守城門、挖掘溝渠水道等。不過，因為元末饑荒與戰亂不斷，戶籍資料和實際情形存在著很大的差距，故朝廷常常徵不到男丁來服役，造成許多不公平的狀況。

　　朱元璋為了使老百姓的「納稅」和「差役」公平公正，並有法理可供遵循，下令一方面丈量全國的田地，詳細登記田地的面積大小、所有人資料，編輯成冊，因為所繪的田畝形狀很像魚鱗，故稱為「魚鱗圖冊」；一方面進行全國人口重新普查，編成「黃冊」，作為徵召差役的根據。這兩本冊子，不僅使國家在執行「納稅」和「差役」時有所根據，也消弭了原本的不公平之處，國家的收入因而增加。

四菜一湯的傳說

　　朱元璋當了皇帝後，他與馬皇后在衣著或飲食上依然簡樸。朱元璋這個皇帝，比一般人工作還要辛苦：每天天還沒亮就起床準備早朝，早朝後，又進書房批奏摺一直到半夜。通常帝王在皇宮中都有美麗的御花園，供帝王

妃嬪遊憩賞花，然而朱元璋的皇宮內，沒有設立御花園，只有御菜園，園中種滿蔬菜，供御廚做菜之用，由此可見其生活的樸實。

朱元璋不僅在生活飲食上嚴以待己，也嚴以律人，用同樣的標準來要求百官大臣。傳說中，有一次朱元璋生日，大臣們都前來賀壽，朱元璋擺出筵席要宴請百官們。然而，列席之後，大家不禁面面相覷：桌上並沒有大魚大肉，只有四道菜，分別是炒蘿蔔、炒韭菜、炒芹菜、炒青菜，跟一道蔥花豆腐湯。

朱元璋向文武百官解釋說：「諸位愛卿，這是御菜園所種的青菜，朕今天特地命御廚準備要與大家分享。這蘿蔔是百味藥，可治百病，代表國家長治久安；韭菜生命旺盛，象徵國勢蒸蒸日上；青菜與芹菜代表為官要清

廉；而蔥花豆腐湯則是希望大家不要徇私枉法，要像這湯一樣一清二白。」

眾位大臣聽了，知道皇上是用這四菜一湯來提醒為官者要清廉的道理，大家也只能唯唯稱是；這場筵席百官們都吃得戰戰兢兢。宴會隔日，朱元璋發布了一道命令：「官員應該時時體恤民生，生活簡樸，故今後朝廷官員宴客，只能用『四菜一湯』，誰若違犯，嚴懲不貸。」從此，「四菜一湯」的規矩便從宮廷傳到了民間。

帝王的陰暗面

一個人在成長過程中所遭遇的人情事故，都會深深影響其性格。朱元璋的父母親都死於瘟疫，他自己窮得沒飯吃只能去當小和尚，又遊歷流浪行乞了多年。朱元璋生命中的前半段，可

以說經歷了人世間最辛苦淒涼的遭遇，形成他既自大又自卑的性格，而且非常沒有安全感，對人也不容易信任。朱元璋心裡有時會想：「李善長、劉伯溫這些文人，只是因為看我是個可以成大事的人才，才投靠我；而徐達、周德興雖然是小時候的同伴，但也是看我從軍後發達了，才來投靠。唉……大家都是因為自己的利益，只有湯和與娘子是真正對我好的人。」

當了皇帝以後，朱元璋這種想法出現的次數越來越頻繁，加上張士誠換名字的故事讓他始終耿耿於懷，更加深對文人的懷疑與不信任。然而，究竟「張士誠換名字」是一個什麼樣的故事呢？

傳說中，有一次朱元璋與湯和微服出巡，想了解一下老百姓的生活。看到人們安居樂業，兩

人都感到很高興。這時正是七月天，南京的天氣十分炎熱，走著走著，二人都累了。湯和突然指著前方，叫道：「大哥，前面有一間酒樓，我們去那裡喝杯酒、納個涼吧。」說著，就拉著朱元璋往酒樓走去。

酒樓裡剛好有一位說書的人，兩個人坐定位後，點了一壺酒、幾個小菜，也聽起說書人的表演。

「鐺鐺鐺。」說書人敲了敲銅鑼，潤了潤聲，道：「各位聽官，今天我要向大家說一段當今聖上平定江南的故事。」

「好啊好啊！我最喜歡聽當今聖上的故事了！」一個小夥子拍著手叫道。

湯和向朱元璋眨了眨眼，低聲道：「皇上，您看您多受百姓歡迎。」朱元璋心裡也很高興，喝了一口酒，仔細聽著說書人的表

演。

「當初江南有兩惡霸，一是
陳友諒，一是張士誠。皇上在鄱
陽湖痛擊陳友諒後，就剩張士誠
了。這個張士誠原本叫做『張九
四』，可是他上了文人的當，不
但改了名字，還改了一個很糟糕
的名字。」說書人口沫橫飛的說
道。

坐在前方桌子的大叔道：「不
會呀，『士誠』這個名字聽起來
有學問多了，『九四』好像是我
取出來的名字，我的三個兒子就
叫『張一』、『張二』、『張
三』。」

酒店的客人聽了都哄堂大
笑，朱元璋想到自己的父親名叫
「朱五四」，自己原本是叫「重
八」，也笑了出來。當時窮人家
沒有讀過什麼書，給小孩命名時
都以「數字」取名，而一、二、
三、四又好記又好寫，所以很多

人都用這幾個字當名字。

「這位大叔，『士誠』這個名字糟就糟在背後的學問。大家都知道，孟子跟孔子一樣是儒家的聖賢，孟子的書裡有一句話說：『士，誠小人也。』就是罵『士誠，小人也』。所以呀，大家每次叫他名字時，都在罵他是小人。你說，張士誠是不是上了文人的當呀？」說書人道。

整間酒店的客人頓時哄堂大笑。

「對喔對喔，文人就是這樣，說話都真真假假的，都聽不懂。連幫自己的主子起名，也要這樣欺負人。」

「唉，我就說文人都是壞心肝。」

酒店的客人聽了說書人的話，都附和的罵起文人來了。

朱元璋臉上的笑容收了起來，心中暗道：「文人的確有這種

毛病，表裡不一，寫文章講話常常表面是讚美，但背後卻有其他的意思。我書讀得沒有這些文人多，我也要提防，才不會像張士誠一樣，被人罵了都還不知道。」

朱元璋回宮後，翻閱孟子的書，果然有「士，誠小人也」這句話，又看到孟子說：「君有大過則諫，反覆之而不聽，則易位。」「君之視臣為土芥，則臣視君如寇讎。」這兩句話讓朱元璋勃然大怒，氣得把書丟到地上，怒道：「我好不容易當上皇帝，每一步都在聽這些文人的話，這個孟子竟然說皇帝要是不聽臣子的話，就要換人做皇帝。好啊好啊，我偏要把文人當作雜草，看有誰可以把我當作敵人，推翻我！」

事後，朱元璋每次看到文章內容出現「賴、癩、光、燈、禿、光、僧」等字，便認為這些字都是諷刺他小時候是癩痢頭、

作過和尚、理過光頭。朱元璋當了皇帝後，很討厭別人提起他貧賤少年時的事情，認為這是他一生中難以抹滅的汙點。

有一次，杭州府的文人寫了一篇拍馬屁的文章呈給朝廷，內容讚美說：「光天之下，天生聖人，為世作則。」原是說朱元璋帶給天下百姓光明，是老天派來的聖人，許多政績都可作為後世學習的典範。沒想到朱元璋看了以後，認為這句話明顯是在嘲笑譏諷他：「光」是光頭，「聖人」是僧人，「則」是賊，他硬是將這句話解釋成：「現在是光頭的天下，他是天生的僧人，來到世上做賊的。」於是下令把寫這篇文章的人處死。

當時，許多人都因為朱元璋的疑心病而枉送性命，這就是歷史上有名的「文字獄」＊。

朱元璋對於文武大臣始終心

存懷疑，因此他設立了「錦衣衛」與「廷杖」。「錦衣衛」用來暗中偵查、監視官員的行為與言談，直接隸屬皇帝。常常官員們晚上與妻子的談話，隔天上朝就被朱元璋詢問相關內容，要是有任何隱瞞，就被視為欺瞞皇上，而被「廷杖」。「廷杖」就是打屁股，由錦衣衛執行。官員只要犯了錯，或講話處事惹朱元璋不高興，就會當眾被脫下朝服，壓著趴在地上，用粗棍子打屁股；通常超過一百下，就會當場斃命。

這些措施是對讀書人最大的汙辱，也是朱元璋內心不安全感

放大鏡

＊中國歷史上的幾次「文字獄」，大都是由專制的帝王發起，特別當帝王有過錯不想被人民談論，或對自己自信心不足時。譬如：秦始皇的「焚書坑儒」；又如：明太祖以及清朝帝王們。明太祖因為出身貧窮，厭惡別人提起他當過和尚、紅巾賊的往事；清朝帝王則是因為本身是滿人，屬於少數民族，而禁止文章中出現「胡、狄、夷」這些稱呼少數民族的字眼。

的反映。他認為四周的人都是偽裝忠誠，想要伺機奪權，所以需要透過這種對臣子嚴密的監控，來確保自己帝位的穩固。

鳥盡弓藏

　　朱元璋對臣子一直無法全心的信任，但他卻相當信賴自己的兒子們，認為天下應該是朱家的天下，也就是「家天下」的觀念很強。朱元璋共有二十六個兒子，當兒子們長大後，除了太子朱標外，其他兒子們都分封到全國各地，如：封二王子朱樉為秦王，封地在西安；封三王子朱棡為晉王，封地在太原；封四王子朱棣為燕王，封地在北平。諸王們擁有兵權，在四周守護著大明王朝，這樣王朝不就固若金湯了？

　　當初與朱元璋共同打天下的開國元勳們，在明朝建立後，也

當上大官。有不少人居功自傲，依仗著權勢而違法亂紀。朱元璋透過錦衣衛對這些事情自是有所耳聞。其中，雖然有部分是錦衣衛誣造虛構的，但朱元璋的個性多疑，在無法逐件分辨真偽的情況下，就只好抱著「寧可信其有，不可信其無」的態度。漸漸的，朱元璋感到威脅越來越大，也擔心在他死後，太子溫厚的個性將無法駕馭這些老臣，因而展開了一連串削減功臣勢力的舉動。

　　朱元璋成為皇帝後，由昔日的謀士李善長擔任左丞相，大將軍徐達為右丞相；徐達長年帶兵在外，所以實權實際上是操縱在李善長的手中。加上李善長的大兒子娶了公主，親上加親，使得李家的勢力更是擴張。

　　洪武四年(1371年)，在朱元璋即位後的第四年年底，為了避免李

家的勢力擴張，朱元璋以「李善長年紀太大，不適合處理繁重的國家大事」為藉口，將丞相的職務改派給汪廣洋，後來又由胡惟庸擔任。

胡惟庸是誰呢？胡惟庸與李善長有親戚關係，善於揣摩朱元璋的心意，曲意逢迎，因而官位步步高升。胡惟庸當了十年的丞相，大權在握，門下有很多養士，官員們也都刻意與他交好，形成一股龐大的勢力。只是他越來越獨斷專行，趾高氣昂，不知不覺犯了朱元璋的大忌。

這天早朝，朱元璋臉色鐵青的坐在大殿上，胡惟庸率領文臣站在左邊，徐達率領一班武將站在右邊。大家看到朱元璋臉色難看，心中都暗暗緊張，不曉得今天是誰要倒楣了。突然間「砰」的一聲，朱元璋大力拍桌子，道：「胡惟庸，你可知罪？」

胡惟庸連忙下跪道：「臣……不知所犯何罪？」

朱元璋冷冷一笑道：「黃金萬兩，珍珠萬粒，名馬五十匹，這些聽起來熟不熟悉？」

胡惟庸心中一震，冷汗直冒，抖著聲道：「這……這……這是……」

朱元璋「霍」的起身，喝道：「這是占城國使臣入貢的貢品，你不向朕報告，還將貢品收入府中，是何居心？來人啊，把胡惟庸全家通通打入天牢，嚴加審訊，朕絕不輕饒！」

這只是朱元璋誅殺功臣的一個起點，胡惟庸全家最後都被處以死刑，歷史上稱為「胡惟庸案」。這個案件延續了十年，胡惟庸死後罪狀升級為「通倭通虜（串通日本串通蒙古）」，從「貪汙罪」變成「叛國罪」，牽連的文武百官多達數萬人，連已

退休返鄉的李善長也被牽扯在內。這時李善長已經七十幾歲了，除了娶了公主的大兒子被流放外，李家人全都被處死。太子朱標的老師宋濂也因為子孫與胡案有牽扯而被貶，最後病死在流放途中。

朱元璋殺了胡惟庸後，下定決心要廢除丞相＊，這樣權力就都歸屬自己，不用再跟別人分享，這就是所謂的「君主集權」。這樣的改變，使天下大小事情都需要皇帝親自來處理，如果皇帝很勤勞認真，百姓就有福了；若是皇帝偷懶不喜歡處理政

放大鏡 ＊丞相的設立，是為了協助皇帝辦理政務，因為一個人的思慮，總是很難周延，丞相與天子搭配，施政比較不會出問題。中國歷史一開始的堯舜時代，天子是傳賢不傳子；但夏朝以後，天子變成傳子不傳賢。因此丞相扮演著很大的功能，尤其當天子的兒子不賢時，就可以選出賢明的丞相處理政事，使政治不紊亂。明末的史學家黃宗羲曾說：「有明之無善治，自高皇帝罷丞相始也（明朝政事的混亂黑暗，是從明太祖朱元璋罷免丞相開始）。」

務，百姓就慘了。朱元璋曾經說過：「我自從當了皇帝，一直以勤奮自勉，從早到晚都在處理政事，連晚上睡覺都還在想批奏摺的事情。」但明朝並不是每位皇帝都可以像朱元璋一樣精力旺盛又勤於政事，明中期以後，許多皇帝喜愛享樂遊玩勝過上早朝，因這時沒有丞相協助辦理國家大事與批閱奏摺，導致大權都落到天子身邊親近的人──宦官──手中。明代成為宦官為禍嚴重的朝代，造成了後來明朝政治的黑暗。

當胡惟庸案剛發生時，由於徐達、湯和等人原本就很看不慣胡惟庸的為人處事，所以也沒有多說什麼。但此案最後越滾越大，連當初起義的伙伴們都被牽扯進去；一些大將，如廖永忠，也被以很奇怪的罪名──偷穿繡有龍的衣服──被處死，連徐達

也因為背部生瘡，突然發病去世*。

這天晚上，湯和坐在自己府邸的院子裡藉酒澆愁。他搞不懂，自己視為大哥的朱元璋，在當了皇帝之後，為什麼要大開殺戒？他回想起小時候與朱元璋、徐達大夥一起玩扮皇帝的遊戲，想起當初在濠州寫信給朱元璋，邀他從軍救天下的壯志，想起大夥攻打集慶，想起鄱陽湖的水戰，想到送劉伯溫離開的那天……湯和的神情突然變得很悲哀，苦笑了一聲。因為他記起劉

放大鏡

*徐達的死因民間有很多傳說。徐達患有背瘡，最忌吃鵝肉。有一天，朱元璋派宦官送了一碗鵝肉給徐達，徐達知道朱元璋對他手握兵權，又立下許多軍功很忌諱，而皇帝賜臣下的食物也不能不吃，只能一面吃一面流淚，當晚就毒發身亡。徐達過世時，還不滿五十五歲。雖然徐達早逝，然他的女兒嫁給朱元璋的四子朱棣，封為燕王妃，靖難之役後，朱棣即位為成祖，徐達之女亦晉升為皇后，而徐達的外孫朱高熾也成為後來的皇帝明仁宗，也不枉徐達為明朝所立下的汗馬功勞。

伯溫＊的話，嘆道：「老劉啊老劉，你真是神機妙算啊！連人心的陰暗都算得這麼準。『兔死狗烹、鳥盡弓藏、國破臣亡』，說得真是對啊！」隔日早朝時，湯和就以「年邁體弱」為理由，向朱元璋辭官。

朱元璋坐在大殿龍椅上望著底下的湯和，湯和的臉色舉止雖然如常，但他的眼神中卻透露出深深的悲哀。他們自幼一起成長，常常一句話一個眼神就可心意相通，朱元璋一望就已經了然在心。朱元璋大手一揮，朗聲道：「信國公湯和功在大明朝，朕

放大鏡

＊劉伯溫返鄉後，隱居山中，每天飲酒下棋為樂，不再談論政事。胡惟庸知道劉伯溫曾經在朱元璋面前說他不適合當丞相，一直懷恨在心。胡惟庸當權後，指使官員誣陷劉伯溫買下有「王氣」的土地要當墳墓，這剛好犯了朱元璋的大忌，劉伯溫只好上京當面向朱元璋澄清。朱元璋當面沒說什麼，依舊與劉伯溫談笑自如，但劉伯溫回鄉後，沒多久就過世了。許多謠傳都說劉伯溫是被毒死的，不知是朱元璋或胡惟庸誰下的手。劉伯溫卒於洪武八年（1375 年），朱元璋當皇帝後的第八年，享年六十五歲。

賜他鳳陽宅邸一座，白銀萬兩，衣錦還鄉。」

在所有起義、共患難的同伴中，只有湯和一人或許是因為急流勇退得宜，也或許是朱元璋對他特別有感情，而得以保全性命，安然的度過晚年。

孤單的晚年

朱元璋的世界是與馬皇后結婚後，才開始改變的：從一位小兵到元帥的女婿，再從元帥到雄霸一方的將領，最後稱王天下。在這過程中，馬皇后一直都在朱元璋身邊，她的個性始終賢德如一，貴為皇后後，依舊保持節儉仁慈，對朱元璋的妃嬪與妃嬪的子女也是仁厚照顧。朝廷上下對馬皇后都十分尊重，朱元璋也稱讚她道：「我的皇后與當年唐太宗的長孫皇后相比，毫不遜色。」

馬皇后臉紅著謙遜回道：「陛

下太過獎了。我曾聽人說過：「夫婦相保易，君臣相保難。」陛下沒有忘記妾身，也希望陛下不要忘記曾一起共患難的群臣們。」馬皇后能夠體會朱元璋沒有安全感，想確保「朱家天下綿延萬世」的心理，但心中對朱元璋箝制臣下故舊的威猛手法也不是很贊成，因此只要一有機會就委婉的提醒勸戒朱元璋。朱元璋身邊有著仁慈的馬皇后，減少了不少殺戮，救了許多無辜的生命。

在胡惟庸案還沒有結束前，馬皇后突然病倒了，御醫救治也是徒勞。她躺在病榻上，仍然念念不忘提醒朱元璋：「陛下……生死有命。臣……臣妾只求陛下可以寬厚的對待臣子部將，不要再有性命犧牲了……。」

朱元璋緊握著馬皇后的手，眼眶泛紅啞聲道：「皇后不要再多說了，只要妳好起來，朕什麼都

聽妳的。」

洪武十五年（1382 年），馬皇后病逝，得年五十一歲。馬皇后死時，朱元璋十分悲痛，他下旨宣布：「從今以後，不再冊立皇后。」之後朱元璋當皇帝將近二十年間，大明朝始終都沒有皇后。

馬皇后的死，對太子朱標的打擊很大，除了本身對馬皇后的敬愛之外，也因為馬皇后始終扮演著他與父皇間的協調者。朱標自從老師宋濂因「胡案」逝世後，打擊太大，身體狀況一直不好，現在又加上馬皇后的死，心裡更是悲傷，幾次都難過到吐出血來，因而身體狀況也越來越差。

宋濂為什麼會牽扯到「胡案」呢？

宋濂是元末明初的大儒，當初因為應天恢復郡學而被延攬授課，曾寫信勸劉伯溫出山，而朱

元璋北伐的檄文與明初許多典章制度都是出自他的手筆。另外，他也是太子朱標的老師。朱元璋稱宋濂為「開國文臣之首」，劉伯溫也讚許宋濂是「當今文章第一」。宋濂於洪武十年（1377 年），六十八歲時告老還鄉隱居。

沒想到隱居的生活並沒有使宋濂脫離朝廷的黑暗。宋濂的孫子宋慎因為與胡惟庸關係密切而被殺，連帶的也牽扯到宋濂。當時，朱元璋下令將高齡七十二歲的他逮捕到京城，打入死牢。

朱標知道後，不斷當面懇求朱元璋放了宋濂。朱標道：「父皇，宋先生絕對不是胡黨分子，兒臣長時間與宋先生相處，他的人格與行事兒臣可以擔保。古人說『罪不及妻孥』，沒有理由孫子犯的錯要祖父承擔。宋先生已經告老返鄉隱居多年，他絕對跟胡案無關，求父皇饒了宋先生。」

朱元璋的臉頓時沉了下來，屬聲道：「你的意思是我不該抓宋濂？標兒你實在太不懂事了！宋濂雖然隱居山裡，但依舊有許多前去求教的人，學生可說是遍布天下，倘若他有異心，如何得了？朕是在替你穩固天下。」

朱標下跪道：「這樣的天下沾滿太多血腥，兒臣……兒臣不敢要，也要不起。」

朱元璋神色大變，拍著桌子大怒道：「逆子！你這個逆子！我朱元璋怎麼會生出你這個逆子！」在一旁的馬皇后連忙端茶給朱元璋，並向朱標使眼色，要他先行告退。在馬皇后的協調勸說下，宋濂最終免了死罪，改判流放；然這時宋濂已經七十多歲了，身體不堪長途的勞累，最後病死在流放的途中。

洪武二十四年間（1391年），太子一病不起。雖然有天下最好的醫

生為朱標治療，但朱標的病情卻是一天一天惡化。朱元璋常常待在太子的身邊，希望他可以恢復健康，統治天下。無奈天不從人願，隔年太子病逝，得年三十七歲。

朱元璋一生中最傷心的事情就是太子的死。他殺了那麼多文臣武將，為了什麼？不就是擔心太過軟弱的太子會受到功臣的威嚇，所以要鏟除一切可能的威脅，為的就是留下一個安定的治國環境給朱標，沒想到朱標卻早他而去。朱標一死，朱元璋即位後的一切努力似乎都成了空，這種巨大的失落，讓朱元璋在一夕間彷彿老了十多歲。

後來，朱元璋改立朱標的大兒子朱允炆為太子，就是後來的明惠帝。洪武三十年（1397 年），朱元璋生病了，同年間他的二兒子朱樉在西安病逝；隔年三兒子朱棡

也在太原病逝了。朱橚和朱棡死後，朱元璋的病情更加嚴重，這時他已經是七十一歲的老人了。

朱元璋躺在病榻上，看著窗外的明月，他想起當初他獨自躺在皇覺寺柴房中，又冷又累的情景，現在的他躺在金碧輝煌又溫暖的寢殿中，有左右內侍監服侍；想到他當初投靠郭子興與心中暗自愛慕馬姑娘的情懷，最後得償所願迎娶馬姑娘。現在他雖有許多後宮佳麗，但他最深愛的女人已經離開他將近二十年了。朱元璋想到當初一起打天下的哥兒們：徐達、周德興、湯和、馮國用兄弟、李善長與劉伯溫等，也想到湯和辭官時那蒼老悲傷的眼神，現在，這些哥兒們都死了，只有他還活著。朱元璋轉頭看著跪在他床邊打盹的皇孫朱允炆，他抬起手，開口道：「允……允……允炆……。」

朱允炆醒過來，握著朱元璋的手道：「皇爺爺，孫兒在這兒，孫兒在這裡。」

朱元璋凝視著朱允炆，看著他與朱標相似的五官，與一樣溫文儒雅的氣質，眼中閃著淚光，道：「皇爺爺……把這辛苦打下的天……天下……交給你了，你……你要好好的治理。皇爺爺……終於……可以去與你皇奶奶，與你父皇……相見了。」

洪武三十一年五月，明朝的開國皇帝朱元璋逝世，享年七十一歲，後世尊稱為「明太祖」。朱元璋在位三十一年（1368～1398 年），所制定的一系列政策和制度影響深遠，並奠定了往後明朝二百多年的統治基礎。

朱元璋

小檔案

1328 年　出生。

1344 年　淮北大旱，瘟疫流行，父母與長兄相繼病逝。秋，入皇覺寺為小沙彌。後因寺內伙食不足，被迫出外遊方化緣。

1348 年　遊方結束，重返皇覺寺。方國珍於台州起義。

1351 年　紅巾軍起義。

1352 年　投靠紅巾軍濠州元帥郭子興。

1353 年　娶郭子興養女馬姑娘為妻。改名「元璋」。

1355 年　韓山童之子韓林兒稱帝，號「小明王」。郭子興病逝後，盡得其部將，成為朱元帥。

1356 年　二月，率軍攻下集慶（今南京），改地名為「應天」。

1360 年　得劉伯溫擔任謀臣。陳友諒殺徐壽輝，自立為帝，國號大漢。

1361 年　受小明王冊封為吳國公。

1363 年　與陳友諒在鄱陽湖大戰，陳友諒中箭身亡。張士誠自立為吳王。

1366 年　五月，命徐達、常遇春率軍攻打張士誠根據地，張士誠兵敗被俘，自盡身亡。十二月，遣廖永忠至滁州迎接小明王，傳說中途將小明王淹死江中。

1368 年　正月，於應天即位，國號「明」，年號「洪武」。七月，徐達率軍攻破大都（今北京），元順帝出逃，元朝正式結束。

1370 年　封諸子為王，並大封功臣。

1375 年　劉伯溫病逝（據說朱元璋授意胡惟庸毒死劉伯溫）。

1380 年　發生胡惟庸案，遭牽連處死者高達數萬。開國功臣宋濂亦受牽連，遭流放，病死於途中。

1382 年　馬皇后病逝。設立錦衣衛，暗中監視官員的言行。

1385 年　徐達病逝（據說遭朱元璋賜鵝肉毒死）。

1389 年　湯和告老還鄉。

1392 年　皇太子朱標病逝，立長孫朱允炆為太子。

1398 年　逝世。

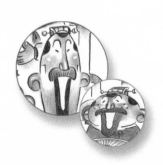

國家圖書館出版品預行編目資料

牧童皇帝：朱元璋 / 城菁汝著;簡志剛繪.－－初版三
刷.－－臺北市：三民，2019
　　面；　　公分.－－(兒童文學叢書 / 世紀人物100)

　ISBN 978－957－14－4944－9　(平裝)

　1.明太祖 2.傳記 3.通俗作品

626.1　　　　　　　　　　　　　　　　96024741

©　牧童皇帝：朱元璋

著 作 人	城菁汝
主　　編	簡　宛
繪　　者	簡志剛
發 行 人	劉振強
著作財產權人	三民書局股份有限公司
發 行 所	三民書局股份有限公司
	地址　臺北市復興北路386號
	電話　(02)25006600
	郵撥帳號　0009998－5
門 市 部	(復北店) 臺北市復興北路386號
	(重南店) 臺北市重慶南路一段61號
出版日期	初版三刷　2019年10月修正
編　　號	S 781680

ISBN　978－957－14－4944－9　(平裝)

http://www.sanmin.com.tw 三民網路書店